谈判力

哈佛大学突破型谈判术

GETTING TO YES
NEGOTIATING AGREEMENT WITHOUT
GIVING IN

[美]罗杰·费希尔 [美]威廉·尤里 [美]布鲁斯·巴顿 著
(Roger Fisher)　　(William Ury)　　(Bruce Patton)

王燕 罗昕 译

中信出版集团 | 北京

图书在版编目（CIP）数据

谈判力：哈佛大学突破型谈判术/（美）罗杰·费希尔，（美）威廉·尤里，（美）布鲁斯·巴顿著；王燕，罗昕译. -- 3版. -- 北京：中信出版社，2023.9（2025.4重印）

书名原文：Getting to Yes:Negotiating Agreement Without Giving In

ISBN 978-7-5217-5816-0

Ⅰ.①谈… Ⅱ.①罗…②威…③布…④王…⑤罗… Ⅲ.①谈判学—通俗读物 Ⅳ.①C912.35-49

中国国家版本馆CIP数据核字（2023）第123936号

Getting to Yes: Negotiating Agreement Without Giving In, Revised Edition by Roger Fisher, William Ury and Bruce Patton
Copyright © 1981, 1991 by Roger Fisher, William Ury and Bruce Patton
Published by arrangement with Houghton Mifflin Harcourt Publishing Company
Simplified Chinese translation copyright © 2023 by China CITIC Press
ALL RIGHTS RESERVED
本书仅限中国大陆地区发行销售

谈判力——哈佛大学突破型谈判术

著者：　　［美］罗杰·费希尔　［美］威廉·尤里　［美］布鲁斯·巴顿
译者：　　王燕　罗昕
出版发行：中信出版集团股份有限公司
　　　　　（北京市朝阳区东三环北路27号嘉铭中心　邮编　100020）
承印者：　嘉业印刷（天津）有限公司

开本：880mm×1230mm 1/32　　印张：7　　字数：132千字
版次：2023年9月第3版　　　　印次：2025年4月第7次印刷
京权图字：01-2009-1473　　　　书号：ISBN 978-7-5217-5816-0
定价：69.00元

版权所有·侵权必究
如有印刷、装订问题，本公司负责调换。
服务热线：400-600-8099
投稿邮箱：author@citicpub.com

YES

目 录

前言 /V

第一部分 问题 /001

第 1 章 不要在立场上讨价还价 /003

第二部分 谈判方式 /015

第 2 章 把人和事分开 /017

第 3 章 着眼于利益,而不是立场 /043

第 4 章 为共同利益创造选择方案 /061

第 5 章 坚持使用客观标准 /089

第三部分　但是…… /105

第 6 章　如果对方实力更强大怎么办？　/107

　　　　（确定你的最佳替代方案）

第 7 章　如果对方不合作怎么办？　/119

　　　　（使用谈判柔术）

第 8 章　如果对方使用卑鄙手段怎么办？　/141

　　　　（驯服难对付的谈判者）

第四部分　结论　/159

第五部分　关于本书，人们常问的 10 个问题　/163

○ 关于公平与"原则谈判"的问题　/165

问题 1："在立场上讨价还价是否有道理？"

问题 2："如果对方相信另一套公平标准怎么办？"

问题 3："如果并非必要，我是否应该做得公平？"

○ 关于与人打交道的问题　/173

问题 4："如果问题在人，我该怎么办？"

问题 5："我甚至要与恐怖分子以及类似希特勒那样的人谈判吗？什么时候我可以拒绝谈判？"

问题 6："如何针对性格、性别及文化等方面的差异及时调整谈判方法？"

○ **关于策略的问题** /185

问题 7："对于像'在哪里会面''谁先开价''开价多高'这类问题，我该如何决策？"

问题 8："具体地说，我该如何由制订选择方案过渡到做出承诺？"

问题 9："怎样才可以不冒太大风险去尝试这些想法？"

○ **关于实力的问题** /197

问题 10："当对方实力更强大时，我采用的谈判方式真能起作用吗？""如何增强我的谈判实力？"

前言

无论你愿意与否，你都是一名谈判者。谈判是生活中无法避免的现实。你要和老板商量加薪，要与陌生人商定买房的价钱；两个律师要解决一起交通事故引发的诉讼；几家石油公司计划联合勘探近海石油；市政府官员与工会领袖会谈以避免公交司机罢工；当年美国国务卿和苏联外长试图就限制核武器达成协议。以上这些都是谈判。

每个人每天都要与别人进行谈判。就像莫里哀笔下一辈子追求谈吐高雅的儒尔丹先生那样，我们有时会在不知不觉中与别人谈判。比如你和爱人商量去哪里吃饭，或者与孩子们商定他们何时熄灯睡觉。谈判是从别人那里寻求自己所需的一个基本途径，是与谈判对方存在相同和不同利益时寻求解决方案的相互交流。

冲突日益增多，需要谈判的场合也越来越多。每个人都希望自己的事情由自己来决定，越来越不愿意听别人发号施令。由于人与人之间的不同，我们需要用谈判来消除分歧。不论是在商界、政界还是在家庭中，人们都更多通过谈判来解决问题、做出决定。即使在打官司时，人们也经常在审判前进行庭外和解。

虽然谈判每天都在发生，但要谈出好结果并不容易。人们对通常的谈判技巧不是感到不满意，就是厌烦透顶，或者敬而远之——甚至三者皆有。

人们发现自己处在两难之中：有温和与强硬两种谈判方法。温和的谈判者总是避免双方的摩擦冲突，为了达成共识，他往往很快就做出让步。他希望有个愉快的解决方案，但常常发现自己被别人利用而不得不咽下苦果。强硬的谈判者则认为谈判是一场意志的较量，谁采取的立场更极端，谁能硬撑到最后，谁就能赢。他当然想赢，可结果往往是硬碰硬，不但弄得自己筋疲力尽、黔驴技穷，也伤害了自己与对方建立的关系。其他一些谈判技巧都介于两者之间，无非是要在有所得与不伤和气之间寻找平衡。

还有第三种谈判方法，它既不温和也不强硬，而是刚柔并济。由"哈佛大学谈判项目"研究出来的这种"原则谈判"方法是根据事情本身的是非曲直寻求解决方案，而不是进行一场各执己见的讨价还价。这种谈判方式建议双方尽可能实现"双赢"。当双方利益发生冲突时，必须让谈判结果基于某些公平的准则，而不是以某一方的意志为转移。原则谈判的原理是在道理、原则上强硬，对人则采取温和的态度。它不需要要花招儿，不需要装腔作势。原则谈判能让你得到想要的东西而又不失风度，在公平有理的同时又保护自己不被对方利用。

本书讲的就是原则谈判方法。第1章讲述了采用在立场上讨价还价的标准谈判方法带来的问题，接下来的四章介绍了原则谈判方法的四条原则，最后三章则回答有关原则谈判方法最常见的一些问题：如果对方的实力强于自己怎么办？如果对方不配合该怎么办？如果对方使用卑鄙手段又该怎么办？

当年美国外交官同苏联进行军备控制谈判时可以采用原则谈判方法，华尔街律师代表《财富》500强公司进行反垄断诉讼时也可以采用它，甚至夫妻商量到哪儿度假或离婚时如何分割财产等问题都可以采用这种方法。任何人都可以使用这种谈判方法。

谈判的形式各不相同，但基本要素不变。无论要解决一个还是多个问题，一方还是多方参与谈判；无论是有规定的程序，比如集体谈判，还是随机应变，比如与劫机者谈判，原则谈判都完全适用。无论对手有无经验、是否友善，它都能发挥作用。原则谈判是一种通用的策略，它与其他所有方法都不同，如果谈判对手也掌握这种方法，那么谈判不会因此变得更加艰难，而是会变得更加容易。如果他们也读了这本书，那就再好不过了。

第一部分

问题

第1章
不要在立场上讨价还价

不论谈判涉及一份合同、一场家庭内部纠纷，还是一项国家间的和平协议，人们常在立场上纠缠不清。双方站在各自的立场上为自己争辩，最后做出一定的妥协，找到双方都能接受的折中办法。这种谈判方式最具代表性的例子是顾客与旧货店老板的讨价还价。

顾客	老板
这个铜盘子什么价钱？	你眼光不错，75美元怎么样？
别逗了，这儿有处压伤，我出15美元。	什么？你要是诚心买，我还能考虑考虑。15美元，开玩笑吧？
那好，我出20美元，75美元太离谱了。给我个合理的价钱。	小姐，你砍价真够厉害，60美元拿走得了。
25美元。	我进价都比这高多了！你诚心买吗？
37.5美元，我最多就付这个价。	你看看上面的雕刻工艺，到明年这样的盘子价格能涨1倍。

就这样谈下去，他们也许会达成共识，也许毫无结果。

任何谈判方法都可以通过三方面的标准来衡量：如果有达成

共识的可能，就应该达成明智的协议；谈判应该有效率；谈判应该增进或至少不损害双方的关系。（明智的协议是指协议尽可能保障双方的合法利益，公平解决双方的利益冲突，协议持久性强，并考虑了社会效益。）

上面举的例子反映了最常见的谈判方法，那就是不断采取新立场，放弃旧立场。

就像上面那位顾客和店老板所做的那样，立场在谈判中起了一定作用。它告知对方你的需求，在前景不明朗、存在一定压力的情况下提供了一个立足点，最终可能会产生自己能接受的结果。但通过其他方法也能达到上述目的，而且在立场上纠缠不清会使双方无法实现上述三个基本标准：达成明智的协议，有效率地谈判，以及友善地谈判。

在立场上纠缠
不能达成明智的协议

如果双方就各自的立场讨价还价，他们通常会守着立场不放。你越是声明自己的原则，保护自己的立场，你的立场就越坚定。你越想让对方明白改变你最初的立场是非分之想，你就越难做到这一点。你的立场会被当成你的自我形象。你又多了一个目标，那就是保住自己的脸面——把今后的行为和过去的立场联系起来，这就导致越来越不可能就双方的最初利益达成明智的协议。

肯尼迪总统时期美苏全面禁止核试验谈判的失败，恰好说明了在立场上纠缠对谈判造成的危害。当时主要的问题是：美苏双方每年到对方境内被怀疑有核试验活动的地区检查可以有多少次？苏联方面当时最后提出的是3次，而美国坚持最少10次，由于立场问题，谈判就此破裂。双方都没有想明白一个事实，即检查是指1个人四处查看1天，还是100个人不加选择地检查1个月。双方都没有在设计检查程序上动脑筋，使它既满足美国在核查方面的利益，又实现尽可能减少对方对本国的干预的愿望。

由于双方将更多的精力投入立场，各自真正关心的问题被忽略了，达成协议的可能性也变小了。最后的谈判结果也许只机械地反映了各自最终立场的差距，而没有认真地考虑双方的正当利益，结果往往也就不那么令双方满意了。

在立场上纠缠缺乏效率

传统的谈判方式可能使双方达成协议，比如铜盘子的价格；可能令双方不欢而散，比如实地检查核试验活动的次数，但两者都要耗费大量时间。

在立场上纠缠不清会阻碍双方达成协议。为了使最终结果有利于自己，双方的起步都很极端，而且死守不放，还欺骗对方，隐瞒自己的真实观点，只有在迫不得已的时候才做一点点让步。以上每个因素都会影响双方达成有效协议。双方起步越极端，让步越小，谈判所需的时间就越长，所花的精力也就越多。传统的谈判方式还需要谈判者做出大量的决定，如能给对方什么条件，该拒绝什么条件，可能做出多大让步，等等。决策过程最为费时费力。如果每一项决定不仅涉及向对方让步，而且可能会产生压力，导致再次让步，谈判者就缺乏动力迅速采取行动。因此谈判者往往会拖延时间，威胁要离开谈判桌，阻碍谈判进程，或采取其他一些花招儿，这只会使双方投入更多的时间和精力，增加不欢而散的可能性。

在立场上纠缠影响双方之间的关系

立场式讨价还价完全是一场意志的较量。每个谈判者都坚持自己的立场，本来是双方合作解决问题，却成了一场你死我活的斗争。每一方都试图单凭意志力使对方退却。"我不会让步的，你要是想和我去看电影，就得看《马耳他之鹰》，否则没门儿！"当一方看到自己的合理要求由于对方的强力压制而得不到重视时，愤怒和憎恨往往会占据上风。因此立场式讨价还价会影响甚至破坏双方的关系：合作多年的企业集团可能会分道扬镳；邻居们从此不再说话；一次唇枪舌剑带来的不愉快也许一辈子都消除不了。

多方参与使立场式谈判更为不妙

尽管人们总是习惯将谈判视为两个谈判对手之间的事情，但实际上几乎所有谈判都涉及更多人。有时会有好几方坐在谈判桌旁，有时每一方都包括普通谈判成员、高层官员、董事会，甚至各种委员会，这些都是谈判中要打交道的对象。谈判涉及的人越多，立场式谈判带来的弊病就越多。

如果像联合国会议那样有一百多个国家的代表坐在一起谈判，那么立场式谈判几乎是不可能的。统一所有人的意见很难。互惠式妥协也难以实现：向谁让步呢？即使达成了成千上万项双边协议，也谈不拢一项多边协议。在这种情况下，立场式谈判往往会促使谈判各方组成不同派系，其共同利益通常流于表面形式而不具有实质性。在联合国，类似的集团有南北之分、东西之别。由于一个集团由多个成员组成，要采取共同的立场绝非易事。更糟的是，一旦各国历尽周折取得了一致立场，要改变就更困难了。此外，当实际参与谈判的不光是坐在谈判桌边的人，还有他们的上级时，改变立场同样困难，虽然这些人不在谈判现场，但采取任何立场都要经过他们的同意。

友善不能解决问题

许多人都认识到了立场式谈判的高昂代价，尤其是它对谈判各方关系造成的损失。他们希望通过一种更温和的谈判风格避免冲突，把谈判对手看作朋友而不是敌人。他们强调达成协议的必要性，而不是以自己占上风为目的。标准的温和型谈判步骤是提出条件和做出让步，信任对方，持友好的态度，为避免摩擦做出必要妥协。

下面的表格分析了两种立场式谈判——温和型与强硬型。大多数人认为他们对谈判风格的选择介于两者之间。你希望温和还是强硬呢？或者选择一条折中路线？

问题
立场式谈判：你选择哪种类型？

温和型	强硬型
双方是朋友	双方是敌人
目标在于达成协议	目标在于胜利
为了友谊做出让步	要求对方让步作为维持双方关系的条件
对人和事采取温和态度	对人和事采取强硬态度

(续表)

问题
立场式谈判：你选择哪种类型？

温和型	强硬型
信任对方	不信任对方
容易改变立场	固守立场不动摇
给予对方实惠	威胁对方
亮出底牌	掩饰自己的底线
为了达成协议愿意承受单方面损失	把单方面优惠作为达成协议的条件
寻找对方可以接受的单方面解决方案	寻找自己可以接受的单方面解决方案
坚持达成协议	坚守自己的立场
避免意志的较量	试图在意志的较量中取胜
迫于压力而妥协	给对方施加压力

温和型谈判强调建立和维护关系的重要性。在家庭内部和朋友之间商讨时往往采取这种谈判风格，它比较有效，至少可以很快产生结果。由于双方力求做到更加宽容大度，达成协议通常不成问题，但不一定是明智的协议。虽然结果也许不像欧·亨利写的故事一样悲惨——一对相爱而又贫穷的夫妇给对方买礼物，妻子卖掉秀发给丈夫买了一条漂亮的表链，而不知情的丈夫却卖掉怀表为妻子买了一套美丽的发饰——但是，以强调双方关系为主的谈判往往会导致双方无法达成明智的协议。

如果你温和，而对方强硬，那结果就不妙了。在立场式谈判中，强硬者主导温和者。如果强硬者坚持要对方做出妥协并不断威胁对方，而温和者为避免冲突不断让步，坚持以达成协议为重，那这样的谈判是不公平的。强硬者占了便宜。谈判会有结果，但不一定明智。它偏向强硬者而不利于温和者。如果对方步步紧逼，而你却一让再让，那你就等着满盘皆输吧。

替代方案

如果不愿在温和与强硬之间选择，那你可以改变谈判方式。

谈判有两个层次：第一个层次是解决实质性问题；第二个层次往往比较含蓄，它关注解决实质性问题的程序。第一个层次的重点可以是你的工资、租赁条件，以及价格问题。第二个层次关心的是如何解决实质性问题：通过温和型谈判、强硬型谈判或者其他方式。这是有关游戏的游戏，即"游戏中的游戏"。谈判中采取的每一个举动不仅关系到房租、工资或其他实质性问题，而且有助于建立游戏规则，使谈判以原有的方式进行，或是有所改变。

第二个层次通常容易被人们忽略，因为许多决定都是自然而然地做出的。除非对方来自另外一个国家，特别是有非常特殊的文化背景，你才可能认为有必要对谈判过程有所考虑。但不管你是否意识到它，你采取的每一个步骤都是在就"游戏"规则进行谈判，即使这些步骤看起来只针对实质性问题。

是选择温和型谈判还是强硬型谈判？我们对二者都持否定态度，因此要改变一下游戏规则。在"哈佛大学谈判项目"中，我们针对立场式谈判制订了一个替代方案：一种旨在通过有效和友好的方式取得最明智结果的谈判方法，我们称之为原则谈判或者依据原则进行谈判。它有四个基本要素。

以下四点几乎适用于任何场合，每一点都围绕谈判的一个基本要素提出建议。

人：把人和事分开。
利益：着眼于利益，而不是立场。
选择：为共同利益创造选择方案。
标准：坚持使用客观标准。

第一点基于这样一个事实，即人非计算机。我们都是带有强烈情感的生物，每个人都有不同的感知，有时很难做到明白无误地交流。人们容易把感情同客观利益纠缠在一起。表明立场之所以使局面恶化，是因为人们会把自我与立场等同起来。因此，在解决实际问题之前，应把人际问题与实质性问题分开处理。形象地说，谈判者应该肩并肩地工作，一起解决问题，而不是相互攻击。所以第一点是：把人和事分开。

立场式谈判的一个弊端在于谈判者本应满足各自的潜在利

益，而实际上却把精力集中在各自的立场上。第二点就是针对这一弊端设计的。谈判中的立场经常掩盖了你的实际利益需求。在立场上做出妥协无助于达成协议，也不能够兼顾双方立场背后的实际需求。所以第二点是：着眼于利益，而不是立场。

在压力之下很难设计最佳解决方案，第三点针对的就是这种困难。当着对方的面做出决定往往使你目光短浅。决定越重要，你就越不能发挥创造性，也就越难找到正确的解决方案。你可以抽出时间，以促进共同利益和协调冲突为前提，想出各种可能的方案，从而抵消上述不利因素。所以第三点是：在努力达成协议之前，为共同利益创造选择方案。

当利益存在直接冲突时，谈判者有可能因态度强硬而得到满意的结果。这种方法会使寸步不让的一方得到好处，但也容易产生武断的结果。然而，面对这样的谈判对手时，你可以告诉他，这不是单方面说了算的事情，你们的协议必须反映公平的标准，而不依赖于各自的要求。这并不是说谈判要基于一个你选择的标准，而是要有公平合理的依据，比如市场价值、专家意见、惯例、法律的评判等。通过讨论这样的标准而不是单凭各自的意愿，双方就都不用让步，而且都会遵从一个公正的解决方案。因此第四点是：坚持使用客观标准。

我们将原则谈判与温和型、强硬型谈判在下表中做了对比，四个基本要素用楷体字标出。

问题 立场式谈判：你选择哪种类型？		解决方案 改变规则——依据原则进行谈判
温和型	**强硬型**	**原则谈判**
双方是朋友	双方是敌人	双方能解决问题
目标在于达成协议	目标在于胜利	目标在于有效、愉快地取得明智的结果
为了友谊做出让步	要求对方让步作为维持双方关系的条件	把人和事分开
对人和事采取温和态度	对人和事采取强硬态度	对人温和，对事强硬
信任对方	不信任对方	谈判与信任无关
容易改变立场	固守立场不动摇	着眼于利益，而不是立场
给予对方实惠	威胁对方	探讨共同利益
亮出底牌	掩饰自己的底线	避免谈底线
为了达成协议愿意承受单方面损失	把单方面优惠作为达成协议的条件	为共同利益创造选择方案
寻找对方可以接受的单方面解决方案	寻找自己可以接受的单方面解决方案	寻求多种解决方案，以后再做决定
坚持达成协议	坚守自己的立场	坚持使用客观标准
避免意志的较量	试图在意志的较量中取胜	争取基于客观标准而非主观意愿的结果
迫于压力而妥协	给对方施加压力	坚持并欢迎理性方法，只认道理，不屈服于压力

原则谈判的四个基本要素从你开始考虑谈判到达成协议或者你决定不再进行谈判都有用，这个过程可分为分析、计划、协商三个阶段。

在分析阶段，你只需要判断形势，收集、整理和分析信息。你需要考虑双方对问题的不同认识、对方对你的敌对情绪，以及双方交流的障碍，当然还有双方各自的利益。你需要认清已经摆在桌面上的选择及已经提出的作为协议基础的标准。

在计划阶段，你同样要面对这四个因素，思考并做出决定。怎样处理人际关系问题？在对方的利益中，什么最重要？你的现实目标是什么？为此你要创造其他选择，找出参考标准。

在协商阶段，当双方为达成协议交换意见时，四个基本要素是讨论的最佳话题。双方可以消除意见的分歧、克制情绪的冲动，以及排除交流过程中的障碍。每一方都应理解对方的利益所在。双方可以一起寻找对彼此都有利的方案，并根据客观标准寻求共识以解决利益冲突问题。

总之，与立场式谈判相反，原则谈判注重基本利益、互惠方案和公平标准，这通常导向更明智的谈判结果。它使你有效地在一系列问题中逐渐与对方达成共识，而无须在死守立场和放弃立场之间徒耗精力。把人和事分割开来，你才能真正把对方当作一个有血有肉的人来直接地、感同身受地同他打交道，最终达成友好的协议。

接下来的四章是对四个基本要素的阐述，如果对哪一点有疑问，你可以翻阅最后三章，找到对关于这种谈判方法的一些问题的解答。

第二部分
谈判方式

第 2 章
把人和事分开

人人都知道，双方在解决问题时相互理解、不发脾气，面对分歧不往心里去有多难。

一位工会领袖对自己的工人说："伙计们，是谁提出的罢工？"

琼斯站了出来，说："是我。又是因为那个浑蛋工头坎贝尔，两个星期里，他五次让我给别的组的人顶班。他就是跟我过不去，我受够了。为什么脏活儿都该我干？"

工会领袖之后问坎贝尔："为什么你总是跟琼斯过不去？他说你两个星期里让他做了五次替补的活儿，为什么？"

坎贝尔说："我挑选琼斯是因为他是最棒的。当别的组里没有领班时，我相信他能带好班，要不是缺领班，我就让史密斯或别人去干了。现在因为闹流感，好多领班都病了。我从不知道琼斯不愿意，我还以为他喜欢干重要的工作呢！"

另有一个真实生活中的例子。一家保险公司的律师对州保险专员说:"汤普逊先生,我知道您的时间很宝贵。我想和您谈谈有关严格责任条例的推定条款的一些问题,我们认为该条款的表述对于一些保险公司不公平,因为它们目前的保单中包括价格调整限制措施,所以最好能对该条款做出适当修改。"

专员打断说:"蒙蒂罗女士,在条例被颁布之前,我们部门就这些条例举行过几场听证会。你们公司完全有机会在听证会上提出反对意见。我主持了这些听证会,蒙蒂罗女士。我当时聆听了每一句证言,并亲自写下了严格责任条例的最后文本,您是说我出了错?"

"不,但是——"

"那您是说我不公平?"

"当然不是,先生,但我认为,这些条例带来的后果有些是我们未曾预料到的,而且……"

"听着,蒙蒂罗,我在竞选这个职位的时候,向公众保证在市场上杜绝对人的生命构成威胁的电吹风和一万美元的廉价轿车,这样的轿车简直就是炸弹。现在的条例达到了这个目的。你们公司去年通过该条例赚了 5 000 万美元,您以为我傻吗,到这里来和我谈什么不公平、未曾预料到的后果?我再也不想听到任何一句有关条例的话。再见,蒙蒂罗女士。"

现在该怎么办呢?是不是保险公司的律师在这一点上激怒了

专员，让他生气了，结果两人的对话毫无结果？这家保险公司在该州客户很多，与专员保持良好的关系是非常重要的。即使蒙蒂罗女士坚持认为条例有失公允，可能会对公众造成长期的不良影响，连专家在听证会上都没有预料到这些问题，她也应该就此罢手吗？

在这些案例中，究竟发生了什么？

谈判者首先是人

在公司及国际交往事务中，人们往往忽略了这样一个基本的谈判事实，即对方是活生生的人，而不是一个抽象的代表。他们有感情，有自己的价值观，有不同的背景和看问题的角度。他们有时让人捉摸不透，而我们自己也是如此。

谈判中人性的一面有其益处，但也会造成灾难性后果。一方面，达成协议的过程往往使双方产生一种心理愿望，要得到彼此都满意的结果。建立在信任、理解、尊敬和友谊的基础上，并经过时间考验的合作关系会使谈判一次比一次愉快和顺利。人们渴望良好的自我感觉，也期望给别人留下一个好印象，这都会使他们更注重考虑对方的利益。

另一方面，人们也会变得愤怒、消沉、胆怯、敌对、沮丧，甚至会受到伤害。他们的自我意识很容易被否定，他们从自己的角度看待世界，把感觉与现实混淆在一起，通常会误解你所表达的东西，也表述不清他们的真正意图。误解会加剧偏见，引起逆反应，最终形成恶性循环；理性分析不再可能，谈判从此破裂。这种谈判最后变成了一场争夺得分的游戏，双方相互攻击、嘲讽、谩骂，其代价是双方的实际利益均蒙受损失。

不把对方当作普通人，忽视他们的反应，往往会给谈判带来灾难性后果。在谈判中，不论什么时候，从着手准备到后续工作，你都应该问一下自己："我对人际问题是否足够重视？"

每个谈判者都有两方面利益：实质利益和关系利益

每个谈判者都想达成满足自己实质利益的协议，这正是人们谈判的原因。除此之外，谈判者也重视保持与对方的关系。一个古董商既希望赚钱，又希望顾客成为老主顾。双方的合作关系至少应有助于达成一份兼顾双方利益的协议。当然还有更重要的目的。多数谈判是在人际关系不断发展的情况下进行的，因此谈判是围绕着促进而非有损人际关系，以及为了以后的谈判铺路而展开的。事实上，在和许多长期客户、商业伙伴、家庭成员、专业人士、政府官员及不同的国家进行谈判时，维持关系的意义远远大于某场谈判的结果。

人际关系经常与问题纠缠在一起。谈判中"人际问题"带来的一个重要后果就是各方的关系容易与实质性问题混淆。无论是给予的一方还是索取的一方，都可能把人和事等同起来。在家庭里，一句诸如"厨房简直一团糟"或"银行里没多少存款"的抱怨也许只是指出问题，却容易被误认为人身攻击。你对当前形势的怨气也可能被你撒在你认为与之相关的某个人身上。主观因素总会影响实际立场。

实质性问题与心理问题混淆的另一个原因是谈判者经常对别人的话进行毫无根据的推论，并将其与对方对待自己的意愿、态度联系起来。我们稍不留神就会犯这个错误。我们也很少意识到另一种不同的解释同样说得通，正像前述工会的那个例子，琼斯指责工头坎贝尔跟自己过不去，而坎贝尔却以为让琼斯负责重要工作是看得起他，是对他的肯定。

立场式谈判使人际关系与实质性问题发生冲突。把谈判当作一场针对立场的意志较量，会使人际关系与实质性问题纠缠不清。我认为对方的立场就是对方所希望的谈判结果，从我的角度看，你对我们之间的关系毫不在乎。如果我态度坚决，而你觉得不合理，你就会认为我在走极端。这样就不难得出结论：我不看重双方之间的关系，或者说我不看重你。

立场式谈判把谈判者的实质利益和关系利益对立起来。如果出于对公司的长远发展的考虑，保持与州保险专员的良好关系更重要，那律师就只好不再提这件事了。如果你更看重满意的解决办法，而不在乎是否受到对方的尊敬或喜爱，你会以牺牲人际关系为代价换取实质利益。"如果你在这一点上不能与我一致，那就算了吧。这将是我们最后一次见面。"不过，在实质性问题上妥协也不能换来良好的关系，只会让对方觉得你好欺负。

把关系利益与实质利益一分为二：
直接处理人际问题

解决实质性问题和保持良好的合作关系并非互相矛盾，只要谈判各方能够在心理上做好准备，依据其合理性分开处理这些问题，并愿意为之付出努力。把人际关系的基础放在准确的认知、明白无误的交流、恰当的情感和长远的目光上，直接处理人际问题，不要指望靠牺牲实质利益来换取良好的人际关系。

心理问题则要用心理学中的技巧来解决。如果出现认知不准确的情况，你可以想办法向对方解释；如果对方情绪过于激动，你可以想办法让他们消消气；如果存在误解，你要努力增进相互间的交流。

要想在纷繁复杂的人际问题中找到出路，最好从以下三个基本方面着手：认知、情绪和交流。各种人际问题都能从这三个方面找到症结所在。

人们在谈判中容易忽略的是，你不仅要面临对方的人际问题，还要处理好你自己的人际问题。你的愤怒和沮丧可能会妨碍达成一份有利于自己的协议。你的认知可能是片面的，你可能没有充分倾听对方，没有进行充分的交流。下面介绍的一些方法对谈判双方解决人际问题都适用。

认知

了解对方的想法不只能帮助你解决自己的问题。他们的想法本身就是问题所在。无论是谈生意还是解决纠纷，意见分歧都来源于你和对方思考方式的不同。两个人争吵常常是为某件东西，如两人都称这块手表是自己的；为某件事情，如两人都认为是对方造成的交通事故。国家之间也是如此。摩洛哥与阿尔及利亚为西撒哈拉部分领土的归属问题争执不下，印度和巴基斯坦相互指责对方发展核武器。在这种情况下，人们总以为他们需要更多地了解东西或事情本身。于是他们研究手表，测量事故现场的刹车痕迹，研究西撒哈拉，探寻印度和巴基斯坦发展核武器的详细历史。

可事实上，冲突不在于客观现实本身，而在于人们的思考方式。在处理分歧时，事实只不过是又一个论据，对消除分歧也许有用，也许无用。分歧的存在是因为它寓于人们的思维之中。恐惧，即使是无端的恐惧，也是切实存在、需要消除的。希望，即使是不太现实的希望，也可能会引发一场战争。事实，即使是既成的事实，也可能对问题的解决无济于事。双方虽然都认同这个事实，即一方丢了手表，另一方捡到了手表，但对谁应得到这块手表仍有异议。交通事故最终可能被认定是一只行驶了31 402英里[①]的轮胎爆裂造成的，但双方仍会为该由谁来赔偿损失争论不休。对西撒哈拉详细的历史地理情况研究得再仔细，资料再翔实，也不能平息两国间的领土纠纷。而对究竟是谁在什么时候研制出什么样的核装置进行研究，也无法解决印巴冲突。

尽管寻求客观事实十分有益，但最后构成谈判的问题的不是这些事实，而是双方对事实的不同认识，这才是解决问题的契机。

站在对方的角度思考。你对世界的认识取决于你所处的位置。人们往往只会看到他们想看到的东西。在大量的详细信息中，他们挑拣出那些能验证自己最初的认知的事实，把注意力放在这些事实上，而忽略或歪曲不符合他们认知的信息。谈判中的每一方可能都只会看到自己的优势和对方的不足。

站在对方的角度考虑问题，是谈判者应该掌握的最重要的技巧之一，尽管真正做到这一点并不容易。只认识到对方看问题的

---

① 1英里约为1.61千米。——编者注

角度与我们的不同是不够的。如果想影响对方，还需要切身理解对方观点的分量，感受对方深信不疑的观念中所包含的情感力量。仅仅像在显微镜下观察甲壳虫那样研究对方是不够的，还需要了解作为甲壳虫的感觉。为此，你在"尝试接受"对方的观点时应暂时把自己的那套判断标准搁到一旁。他们同你一样对自己的观点深信不疑。也许在你看来，桌上摆着的是半杯凉水，而在你的爱人看来，那可能是一只装了一半水的脏杯子，会弄脏光洁的红木桌面。

我们来比较一下房客与房东在商谈续租问题时所持的截然不同的看法：

房客的看法	房东的看法
房租已经很高了。	很久没有加房租了。
由于其他费用增加，所以我不能再多交房租了。	由于其他费用增加，所以我要提高租金，增加收入。
房子需要粉刷。	他不爱惜房子。
我知道类似的房子，有人付的房租比我付的便宜。	我知道别人要租这样的房子得花更多的钱。
像我这样的年轻人付不起高房租。	像他那样的年轻人喜欢弄出噪声，糟蹋房间。
房租应该降低，因为周围的环境不好。	我们房东应该提高房租来改善周围的环境。
我不养狗，也不养猫，是个理想的房客。	我受不了他的音响。
她一来收房租，我就马上付给她。	他不到我张口时绝不付房租。
她太冷漠，从不关心我。	我替别人着想，从不过问别人的私生活。

理解对方的观点并不意味着对其表示赞同。的确，更好地了解对方的想法可能会改变你对形势的看法，但这并不是理解对方观点所要付出的代价，而是一种获益。这样能使你缩小冲突范围，帮助你实现新的自我利益。

不要基于自己的担忧推测对方的意图。人们通常认为自己所害怕的就是对方要做的。读一读《纽约时报》上的这则故事："他们在酒吧相识，他提出开车送她回家。他把她带到一片陌生的街区，说这是条近道。他把她送回家的速度可真快，她甚至都没错过晚上10点的新闻。"故事的结尾出人意料，是因为我们按照自己的担忧去推测故事的发展。

人们总习惯于从坏处去理解他人说的话和做的事。人们往往不自觉地从固有的认知出发，做出怀疑的解释。而且，这么做看起来"保险"，能让旁观者觉得对方多么地坏。但是，以如此阴暗的眼光去看待别人的言行，其代价是任何有助于达成协议的新建议都被一脚踢开，你不会想到或是根本就不愿意对立场做丝毫改变。不要因为自己的问题去责备他人。人们倾向于让对方为自己的问题承担责任。"你们公司根本靠不住。每次你们来工厂维修转子式发电机，总是糊弄人，现在发电机又坏了。"责怪别人很容易，特别当你认为对方的确负有责任时更是如此。但即使是正当指责，其效果也往往适得其反。对方在受到攻击时会采取守势，拒绝接受你的意见。他们会不理你，或是向你发起反击。相互指责会让人与事死死地纠缠在一起。

当你谈论某个问题时,请把问题与跟你交谈的人分开。"你们保修的转子式发电机又坏了。上个月就坏了三次。第一次坏了整整一周。我们工厂需要一台性能好的发电机,怎样才能让发电机不出毛病呢?我想听听你们的意见。我们是该换家售后服务商,还是该起诉生产商?或者有其他什么办法吗?"

讨论各自对问题的认知。消除认知分歧的一种办法是,亮出各自的想法,与对方进行讨论。只要做到态度坦率、诚恳,双方不从自己的角度出发指责对方,这样的讨论就能让双方怀着理解,认真倾听对方的真正意图。

认为对方关注的问题"不重要",因此对达成协议不构成障碍,这是谈判中司空见惯的事情。事实上,与别人进行明确而有说服力的交流,把你的想法告诉对方,对方也愿意听取,对于你这位谈判者来说是最好的投资。

我们看一看在联合国海洋法会议上有关技术转让的谈判。1974—1981年,约150个国家的代表汇集在纽约和日内瓦,讨论制定从捕鱼权到在深海海床开采锰矿等海洋管理方面的法规。来自发展中国家的代表一度对技术交换表现出极大的热情,他们希望从高度发达的工业化国家那里得到深海海床采矿的技术和设备。

美国等发达国家认为满足这一愿望并不困难,因而觉得技术转让问题不重要。虽然从某种意义上说,这个问题的确对它们无关紧要，但它们表现出无足轻重的态度则是大错特错。如果在拟订技术转让的实施安排上多花些时间，那么它们向发展中国家提供的转让本来完全可以显得更可靠、更吸引人。由于它们认为这是次要问题而将其推到以后考虑，结果这些工业化国家放弃了以低成本换取高回报的机会，没能让发展中国家从谈判中获得巨大的成就感，从而错过了一个在其他问题上达成协议的契机。

让对方参与其中，使其明白谈判结果对双方都有利害关系。如果对方没有参与谈判，他们就不太可能接受谈判结果，道理就是这么简单。如果你在充分调查后找到州保险专员，准备与他大战一场，他当然会觉得自己处境不妙而拒绝接受你的结论。如果你事先没有问清某个雇员是否愿意承担责任重大的工作，就不要对他的抱怨感到意外。要让对方接受他不太满意的结果，关键在于让他参与其中。

这恰恰是人们不愿意做的。在处理某个难题时，你出于本能会把最艰巨的部分放到最后。"等我们把事情都调查清楚再去找专员。"然而，假如专员认为他参与起草了条例，他完全有可能同意对条例进行修改。这样一来，修改工作成了起草过程中的一个小步骤，出台的仍是他原有的成果，不会有"半路杀出个程咬金"的感觉了。

在南非，白人中的温和派一直力图废除带有歧视性的法案。怎么做呢？他们在全部由白人参加的议会委员会里讨论有关提案。但是，无论这些提案被证明多么值得称道，它们都显得缺乏说服力。问题不在于其内容本身，而在于没有黑人参与提案的讨论。黑人听到的会是："我们高贵的白人将讨论如何解决你们的问题。"这又成了"白人的负担"，而这是他们一开始就面临的问题。

即使协议内容对另一方有利，他们也会因为没有参与起草而对协议表示怀疑并拒绝接受。如果双方都为协议提出了自己的意见，那么达成协议就容易多了。假如正在讨论的解决方案被双方逐步认可，整个谈判过程将更具说服力。对提案的每一条批评和相应的修改、每一次妥协，都是谈判者个人对提案的贡献。一项充分考虑了双方建议的提案会让每个人都有成就感。

让对方尽早参与其中，征询他们的意见，对他们提出的每个想法都给予充分的好评。这样，提出想法的人就会在其他人面前极力捍卫这些想法。抵挡居功领赏的诱惑不容易，但忍耐的回报是丰厚的。除了获得实质利益，是否参与其中也许是决定一个谈判者是否接受这项提案的唯一重要的因素。从某种意义上说，过程即结果。

保全面子，使你的提案与对方的观念一致。"保全面子"一词在英文中带有贬义。人们在说"我们这么做纯粹是给他们面子"时，言下之意是他们做做样子好让某些人不那么难堪。说话人的语气中充满嘲讽的意味。

这就严重歪曲了保全面子的作用和重要性。保全面子说明一个人有必要在谈判或协议中协调自己的立场和原则，调整自己过去的言行。

司法程序也是如此。法官在给法庭判决写理由时，就是在保全面子——不仅为自己，也为司法制度保全面子，更重要的是为当事人保全面子。法官不是简单地告诉双方当事人"你胜诉"或"你败诉"，而是向他们解释他是按照法律程序判断的人。他希望做得合情合理，而不希望别人认为他武断。谈判者也应如此。

人们在谈判中坚持己见，往往不是因为不能接受谈判桌上的建议本身，而只是不想表现得在对方面前败下阵来。如果改变一下措辞，或者换一种形式，使谈判看上去公平一些，对方就会欣然接受。美国的某个大城市和其西班牙人社区就市政工作机会问题进行谈判，但市长拒不接受谈判的各项条款——直到把协议撤回，由市长对外宣布同样的协议，让人们认为这是市长的决定，以实现他竞选时的承诺。

保全面子既要依据原则达成协议，也要与谈判者的自我形象协调，因此不可低估其重要性。

情绪

在谈判中，特别是在激烈的争执中，情绪本身也许比谈话更重要。双方可能更容易陷入争执，而不是携手就共同问题找出解决办法。人们往往在开始谈判时才意识到风险很大，感觉受到威胁。一方的情绪会感染另一方。恐惧会引起愤怒，而愤怒也会带来恐惧。情绪波动会使谈判迅速陷入僵局或者致使谈判破裂。

首先要承认并理解自己和对方的情绪。在谈判进行时留意自己的表现。你是否感觉紧张？是否心烦意乱？有没有向对方发脾气？听听对方在说什么以便了解他们的情绪。也许记下自己的感受不失为一个好主意——恐惧、担心或生气；同时写下你希望拥有的感受——自信、放松。试着用同样的方法记下对方的感受。

如果对方以所属机构代表的身份参加谈判，人们就容易把他们当作没有情感的传话筒。你应该记住，他们和你一样，也有个人情感、恐惧的事物、希望、梦想。也许他们的事业前途未卜，他们对有些问题可能会特别敏感，对另一些问题则颇为自负。情绪问题不仅谈判者有，其委托人也会有。委托人看问题的角度甚至可能会更片面、更对立。

问问自己：这些情绪是怎么产生的？你为什么发火？他们为什么生气？他们是对过去的事情怀恨在心而伺机报复吗？这个问题带来的情绪是否会波及另一个问题？家庭矛盾是否会影响工作？在中东问题谈判中，以色列人和巴勒斯坦人都认为自己的生存受到对方的威胁，于是产生了强烈的情绪。这种情绪已渗透约旦河西岸水源分配等一些具体的实际问题，双方根本无法坐下来谈判以解决这些问题。因为总的来看，两国人民都认为自己的生存受到威胁，他们视每一个问题为生存问题。

把情绪表现出来并承认有情绪是正常的。与对方谈谈他们的心情，也谈谈你自己的。比如，你可以说："我们感觉受到了不公正对待，因此心烦意乱。我们担心，即使达成协议，也很难遵照执行。无论这种想法是否合乎情理，这就是我们的顾虑。就个人而言，我认为我们可能是多虑了，但这是我们的想法，你们是否也有同样的担忧呢？"对自己或对方的情绪进行专门讨论，这不仅能突出问题的严重性，而且能让谈判少些被动，多些"主动"。只有从埋在心底的情绪包袱中解脱，才更可能集中精力思考问题。

让对方发泄情绪。通常，应对人们生气、沮丧等消极情绪的有效办法是，让他们把坏情绪发泄出来。人们只要把委屈倾诉出来就能获得心理上的轻松。如果你下班回家后，向丈夫讲述一天中办公室里的不愉快事情，而他却说："没必要跟我说这些，我知道你工作很辛苦，别想了。"这时你的心情会变得更沮丧。对谈判者而言也是如此，发泄情绪能使后面的谈判变得理智。另外，如果谈判者首先发表一通愤怒的演说，在委托人面前表现出不"示弱"的一面，委托人就会在谈判中给他更大的发挥空间。于是，他可以依靠自己态度强硬的名声，在以后真的与他人达成协议时免受批评。

因此，当别人发脾气时，你不要打断对方或者摔门而去，而应克制自己的情绪，继续待在那儿，任由对方发泄不满。当谈判者的委托人也在场时，他们的沮丧情绪也会像谈判者那样得到缓解。应对另一方发脾气的最好措施也许是静静地听着，并不时地让对方继续，直到他们说完为止。这样，你不仅没有煽风点火、恶化形势，还给了对方说出心里话的勇气，不再积怨。

不要对情绪的爆发做出回应。如果宣泄情绪导致对方产生情绪化的反应，其后果将是危险的。这种情况如果不加以控制，将会导致激烈的争执。20 世纪 50 年代，人际关系委员会使用了一种特殊而有效的控制情绪影响的办法。该委员会是钢铁业劳资双方组成的一个团体，专门处理正在发生的冲突，以防止其演变成严重的问题。委员会成员们规定每次只能有一个人发火，这样别人就不会对愤怒的宣泄还以颜色了。这条规定还使情绪的爆发变得自然，因为合情合理，人们会觉得"这没什么了不起的，该他发火了"。这条规定的另一个优越性在于，它能帮助人们控制自己的情绪，因为破坏规则就意味着你自己失控了，你会有些没面子。

采取象征性的姿态。情侣们都知道，只用一枝红玫瑰就可以结束一场争吵。给对方带来积极情绪的行动，并不需要自己付出多少代价。一声同情的问候，一句表示遗憾的话语，去墓地表示哀悼，送给对方的孙子一份小礼物，相互握手拥抱，一起吃饭——都是以微小代价改变敌对情绪的绝好机会。许多情况下，一次道歉就可以有效地化解敌对情绪，哪怕你并没有承认对某种行为负责或承认有伤害对方的意思。道歉是一项成本最小而收益最大的投资。

交流

没有交流就无法进行谈判，谈判就是双方为达成共识而相互交流的过程。相互交流并非易事，即使双方有着共同的价值观与人生经历，交流起来也会有麻烦。一起生活了30年的夫妻每天还难免会产生误解。因此，相互不了解的人之间出现交流不畅，甚至互相敌视和怀疑的情况是不足为奇的。你应该预料到，无论你说什么，对方几乎总会有不同于你的理解。

交流中存在三大障碍。第一大障碍是，谈判者之间并不一定直接交谈，或者至少不以这种方式得到对方的理解。谈判各方经常会放弃与对方进行严肃的交流，转而试图说服第三方或自己的委托人。他们不去努力与对方携手合作以达成共识，而是企图击倒对方；不去说服对方采取更具建设性的步骤，却力图说服旁观者倒向自己一边。各方如果都想讨好旁观者，就无法实现有效的交流。

即使你直接明了地与对方交谈，他们也不一定在听。这就是交流中的第二大障碍。你是否注意到，在大多数情况下，你所说的内容没有引起对方足够的重视？同样，你也重述不了对方说过的话。在谈判中，你可能一直忙着思考自己下面该说什么，怎样回应对方刚才提到的问题，或者构思下一步的方案，于是忘记了注意听对方正在说什么。或者，你更注意听自己的委托人而不是对方说的话。毕竟，你的谈判是对委托人负责的，他们对谈判结果是否满意才是你最关心的，因此你对他们的反应备加注意是正常的。但是如果你不注意听取对方所说的话，双方就无交流可言了。

交流中的第三大障碍是误解。一方也许会误解另一方的话。即使谈判者坐在同一间屋子里，相互间的交流也可能像大风中的烟雾信号一样令人难以捉摸。如果谈判各方使用不同的语言，产生误解的可能性就更大了。比如在波斯语中，"妥协"一词没有英语"compromise"表示的"双方都能接受的折中解决办法"这一正面解释，而单指"有损我们的原则"这一贬义。同样，"调解人"一词在波斯语里是指未经邀请、爱多管闲事的人。20世纪80年代初，联合国秘书长瓦尔德海姆到伊朗争取美国人质的释放。抵达德黑兰后，他通过伊朗国家广播电台和电视台发表讲话，结果译成波斯语的意思变成："我此行的目的是，以爱管闲事者的身份找到有损你们原则的办法。"这样一来，他在伊朗的一切努力严重受挫。此番讲话播出不到一个小时，愤怒的伊朗人就用石头砸了瓦尔德海姆的车。

如何才能解决以上三个问题呢？

认真聆听并理解对方的意思。聆听的必要性是显而易见的，但要听明白并非易事，特别是在紧张的谈判中，要做到听明白就更难了。聆听可以使你了解对方的观点，体会他们的情绪，并理解他们想要表达的意思。认真聆听不仅能让你听得更明白，而且能使对方说得更清楚。如果你集中注意力，并不时地插一句"如果我没有理解错，你的意思是不是……"，对方就会知道他们不是在浪费时间，不是在走过场。他们也会因为有人聆听并且听懂其意而感到满足。人们常说，你作为谈判者向对方做出的最不费力的让步就是让他们知道，你确实在聆听他们说话。

聆听的常用技巧是，集中精力听对方说话，要求对方清楚明了地阐述其真正意图，且在意思模棱两可或你没有把握时要求对方重复。在对方说话时，尽量不要回应，而要去真正理解对方。站在对方的角度，考虑对方的需求，理解对方的压力。许多人以为谈判者的高明战术就是不要太注意对方所言，不要对他们的观点表示丝毫赞同。而一名优秀谈判者的做法却恰恰相反。只有理会对方的讲话并表示你明白他们的意思，他们才会相信你在聆听。当你想阐明不同观点时，他们会认为你仍没有领会他们的意思。他们会在心里说："我已经告诉这家伙我的观点，但他现在说的是另一套。他肯定还不明白我的意思。"这样，他们就不会仔细听取你的意见，而是考虑换一种你能明白的思路来阐述他们的观点。因此，你要向他们表明，你明白他们的意思："你看我领会得对不对，按照你们的观点，情况是这样的……"

在按照你的理解重复对方所言时，你要从他们的观点出发，态度积极，措辞明确，清楚表达对方观点中的长处。你不妨说："你的理由很充分，看看我是否明白了。我的理解是……"理解不等于赞同。你可以做到完全理解对方，但同时又完全不赞同对方的意见。只有让对方确信你领会了他们的意思，你才可能向他们阐述自己的观点。你可以先重述对方的观点，再指出其中的问题所在。如果你能比对方更清楚地说出他们的观点，然后进行反驳，双方根据实际情况进行建设性对话的可能性就会大大增加，他们认为被误解的可能性也极大地减少了。

说出你的想法，争取对方的理解。与对方交谈。人们常易忽略的是，谈判既不是辩论，也不是审判。你不是在尽力说服某个第三方。你要尽力说服的人就坐在你对面。如果把谈判比作一场法律诉讼，其场面好似两个法官正试图就如何做出判决达成一致。试着将自己置于那个角色，把对方当作自己的法官同事，你要和他共同努力以取得共识。在这种情况下，出了错就责怪对方、相互辱骂或提高嗓门显然是没有说服力的。相反，如果你能将对方当作和自己一起处理问题的伙伴，并清楚地认识到他们看问题的角度与你的不同，那么事情就会容易多了。

为了减少媒体、国内观众以及第三方对谈判施加的支配性影响，不分散谈判人员的注意力，最好与对方建立私下的、秘密的交流渠道，也可以通过限制谈判团人数来提高交流的质量。

比如，在1954年的里雅斯特市问题的谈判中，南斯拉夫、英国和美国之间的会谈几乎毫无进展，直到三国主要谈判人员脱离了各自庞大的代表团，在一个隐蔽的房间里进行了非正式的单独会谈后，问题才得到解决。在此，伍德罗·威尔逊的那句著名口号"公开协议公开达成"完全可以改为"公开协议私下达成"。不管有多少人参与谈判，做出重要决定时通常最多只有两个人在场。

只谈自己，不说对方。在许多谈判中，双方花大量时间解释、谴责对方的动机和意图。然而，谈论问题对自己的影响，而不是分析对方做了什么，或者为什么那么做，将更能取信于人。比如，你可以说"我很失望"而不是"你违反了诺言"，用"我们感觉受到歧视"代替"你是个种族主义者"。如果对方认为你对他们的评价不符合事实，他们会因此迁怒于你，或者不再理你，也就不会对你的问题表示关注。而表达自己的感受则无可指责。这样，你既传达了同样的信息，又不会使对方采取守势，拒绝接受你的意见。

有的放矢。有时，问题不在于交流太少，而在于沟通过多。当双方误解很深或者火气正大时，最好先把一些想法放在心里。有时候，充分体现自己的灵活态度只会增加达成协议的难度。比如，我提出愿意出9万美元买你的房子。我报价后，你却说，其实8万美元你就准备出手，用不了9万。这样，这笔买卖就难以做成。若你保持沉默则容易成交。因此，经验之谈是：在做出重要表态前，先弄清楚自己所要表达的意图或想得到的信息，做到有的放矢。

防患于未然

前面所说的方法对于解决认知、情绪、交流方面的问题通常都能奏效。但处理人际问题的最佳时刻是在问题出现之前。也就是说，要与对方建立个人及组织间的良好关系，以减轻谈判中的摩擦。这也意味着，在构建谈判策略时，要把人际关系与实质性问题分开，避免将个人意识混入实质性问题的讨论。

建立良好的合作关系。结识对方的确很有帮助。人们很容易对一个陌生而抽象的"对方"产生敌意，假如你认识他，情况就不一样了。与同学、同事、朋友甚至朋友的朋友打交道，完全有别于同陌生人交往。越快与对方熟悉，谈判就越不费力，了解对方的基本情况也就不再是一件难事。于是艰难的谈判便有了信任的基础。日常沟通变得轻松而随意，一句玩笑、一通闲聊便可轻而易举地缓解紧张的气氛。

建立这样的关系应在谈判开始之前。要了解对方，发现他们的好恶，并通过非正式途径与他们接触。比如在谈判开始前早到一会儿，利用这段时间聊一聊，在谈判结束后再逗留片刻。本杰明·富兰克林最喜欢用的技巧便是向对方借本书，这会让对方感到荣幸和满足，认为富兰克林欠他一份人情。

对事不对人。谈判者如果在面对面交锋中视彼此为敌人，就很难将人际问题同实质性问题分开。这样一来，一方针对问题的任何言论都会被另一方视为冲着他们而来的。双方互相防备，反应强烈，完全忽略了对方的合法利益。

对谈判各方更有效的策略是，视彼此为伙伴，大家一起冷静地去寻求有利于双方的公平协议。

正像两个落难水手在汪洋大海中的一艘救生筏上为有限的给养争吵一样，谈判者一开始容易把对方看成敌人，视对方为障碍。但为了生存，两个水手必须把人际问题和客观问题分开。他们必须认定各自的需求，如需要遮蔽物、药品、淡水、食物等，进而把满足这些需求当作两个人的共同目标，同时考虑其他要共同解决的问题，如轮流放哨、收集雨水、将救生筏划向岸边等。这两个水手只有并肩协作来处理共同问题，才能协调好利益冲突，获得更多共同利益。对于两名谈判者，道理也是如此。不管我们之间的关系有多么紧张，只要双方联手合作应对共同面临的问题，我们就能更好地协调各自的利益需求。

为了改变对方的态度，变正面交锋为并肩合作，你就得把问题清楚地摆出来："你看，我们都是律师（外交官、商人、家属等），如果我们不努力满足你们的利益，我们也不可能得到令自己满意的结果。反之亦然。让我们一起为满足双方的共同利益而努力。"或者，你也可以一开始就以共同解决问题的态度对待谈判，用实际行动影响对方，使其愿意合作。

为了便于谈判，双方最好坐在桌子的同一侧，把合同、地图、白纸或其他能说明问题的材料放在面前。如果相互间已经建立了信任的基础，那就再好不过了。但不管双方的关系多么不牢固，都要努力使谈判成为并肩合作的行为。虽然双方的利益不同、认知各异，又有各自的感情因素掺杂其中，但双方应合作来处理共同的问题。

把人与事分开并不能一劳永逸，你得持之以恒地去做。其基本方法是：将对方当作有血有肉的人来对待，基于事情的是非曲直来处理问题。至于如何做到这一点，我们将在接下来的三章中详细论述。

第 3 章
着眼于利益,而不是立场

有这样一个例子:两个人在图书馆吵架,一个要把窗户打开,另一个要把窗户关上。他们俩为了窗户应该开多大争执不休,是露条缝、半开还是打开3/4?没有一种方案能让两人都满意。

这时图书馆管理员走了过来,她问其中一个人为什么要开窗户,他回答说:"为了呼吸新鲜空气。"她又问另一个人为什么要关窗户,那人说怕有穿堂风。管理员想了一下,把隔壁房间的一扇窗户打开了,这样既有了新鲜空气,又避免了穿堂风。

明智的解决办法:协调双方的利益而非立场

上面的例子在谈判中颇具代表性。表面上,这两个人的问题在于他们的立场发生了冲突。既然双方的目标是在立场上达成共识，那他们思考和谈论的自然都是立场，但这往往会使谈判陷入僵局。

如果管理员只注重他们俩的立场，一个要开窗，一个偏要关窗，她就不可能找到解决问题的办法。但是她注意到双方的真正利益是呼吸新鲜空气和避免穿堂风。把立场与利益区别开来很关键。

利益是问题的关键。谈判的根本问题不在于双方立场上的冲突，而在于双方需求、愿望、想法乃至担忧之事等方面的冲突。谈判方可能会说"我正在设法阻止他在隔壁搞房地产开发"，或者"我们谈不拢。他的房子开价10万美元，我只能出9.5万美元，多1分都不行"，但问题的实质是"他需要现金，我想要安静"，或者"他至少需要10万美元与前妻了断，可我告诉过家人，我最多花9.5万美元买房子"。

这样的愿望和顾虑就是利益。利益驱动人的行为，是立场争执背后的动机。你的立场就是你已做的决定，而利益是导致你做出这一决定的原因。

1978年在戴维营草签的《埃以和约》表明，就双方的利益而不是各自的立场进行谈判是十分有益的。自1967年"六日战争"（第三次中东战争）以来，以色列一直占领着埃及的西奈半岛。1978年埃以双方坐下来进行和谈时，各自的立场互不相容。

以色列坚持占有西奈的部分地区，埃及则强烈要求以色列归还西奈的每一寸土地。人们一次次地划分界线，把西奈分给埃及和以色列。埃及决不接受这种妥协，以色列也拒不接受回到1967年以前的状态。

考虑双方的利益而不是立场，使谈判有了转机。以色列需要的是安全，以方不想让埃及坦克驻扎在边境，随时有开过来的威胁。埃及的利益则在于主权，西奈半岛自法老时代起就一直是埃及的领土。在被希腊人、罗马人、土耳其人、法国人和英国人统治了几个世纪后，埃及才完全获得国家主权，当然不会轻易向任何外国征服者割让领土。

埃及总统萨达特与以色列总理贝京在戴维营最终达成了一份协议，让埃及拥有西奈半岛的全部主权，同时又保证了以色列的安全。协议把西奈半岛大片区域划为非军事区，埃及的国旗可以在西奈半岛各处飘扬，但埃及坦克不得靠近以色列。

协调双方的利益而不是立场，这种方法之所以奏效，有两个原因。首先，每一项利益可以通过多种方式得到满足，人们往往只采取最显而易见的立场。比如，以色列为了满足其安全利益的需要，宣布将保留西奈半岛的部分领土。如果你能从对立的立场背后寻找利益动机，也许就能找到既满足自己的利益，又满足对方的利益的新立场。在西奈半岛问题上，非军事化就是这样一个新立场。

其次，对立的立场背后不只有冲突的利益，还有其他更多的利益。

对立的立场背后既有共同利益，也有相互冲突的利益。我们通常会这样认为：对方的立场与我们的立场背道而驰，他们的利益也一定与我们的利益格格不入。如果我们的利益是要保护自己，那对方一定想攻击我们。如果我们希望房租尽可能便宜，那对方一定会使劲把房租往高抬。其实在大多数谈判中，只要仔细考虑潜在的利益需求，就能发现双方的共同利益或可协调的利益远远多于相互对立的利益。

比如，我们看一下房客和他潜在的房东之间的共同利益：

（1）双方都需要稳定。房东需要稳定的房客，房客需要一个固定住址。

（2）双方都希望房子得到很好的维护。房客要住在这里，房东希望使房子增值并提高这栋房子的名声。

（3）双方都希望建立良好的关系。房东希望房客按期付房租，房客希望房东有求必应，对房子做必要的修护。

有时双方的利益并不是互相冲突的，而只是不同。比如：

（1）房客对涂料过敏，所以他不愿意自己动手刷房子。房东则不愿花钱粉刷所有的房间。

（2）保险起见，房东要求房客预付第一个月的房租作为定金，第二天交讫。房客对房子很满意，因此他可能并不在意何时付这笔钱。

在权衡上述共同利益和不同利益之后，双方在低房租与高收益方面的分歧似乎就容易解决多了。共同的利益会促使双方签一份长期租约，共同承担改善住房条件的费用，相互提供方便，为建立良好的关系而努力。而解决利益分歧的办法也许是：第二天交付定金；如果房客花钱买涂料，那么房东负责粉刷。剩下的就是具体的房租问题了，相信房屋租赁市场会定一个公平合理的价格。

有时，正是因为存在不同的利益，达成协议才成为可能。你与鞋店老板可能都对钱和鞋子感兴趣，相比之下，他对50美元的兴趣高于对鞋的兴趣，而你的情况则相反，50美元和鞋比较起来，你更喜欢鞋。买卖就这样做成了。共同利益和互补的不同利益都可以成为达成明智协议的基础。

如何确定利益？

注重利益而不在立场上纠缠的好处是明显的。但怎么去做呢？立场可能是具体明确的，而它背后的利益却可能不那么明显，不易捉摸，甚至互相矛盾。既然确定对方的利益和确定自己的利益至少同样重要，那么怎样才能理解谈判中涉及的各方面的利益呢？

问"为什么"。最基本的方法是站在对方的角度思考，分析对方采取的每一个立场，问自己对方"为什么"会这样做。比如，为什么房东希望在一份五年期租约中每年调整房租一次？你得出的结论是，房东可能担心房屋维护费用不断上涨。你还可以去问房东本人为什么采取某立场。如果你真的去问，那么你要表明，询问的目的是理解对方的需求、希望、担忧之事或愿望，不是让对方对自己的立场做出解释。"琼斯先生，出于什么考虑，你最多只愿意租三年？"

问"为什么不"，考虑对方的选择。一个最有效的方法是，确定对方看到你希望他们做出的决定，然后问问自己，对方为什么没有做那个决定。那样做会影响他们的什么利益？如果你想改变对方的主意，首先就要了解他们现在的想法。

看看下面这个例子。1980年，美国和伊朗就释放被伊朗激进学生在德黑兰绑架的52名美国外交官和使馆人员一事进行谈判。尽管当时解决这一争端存在着诸多重大障碍，但只要看一看某位学生领袖面临的选择，问题就清楚了。美国的要求很明确："释放所有人质。"而1980年，每位学生领袖面临的选择不外乎下述内容。

1980 年春,面临选择的人:一位伊朗学生领袖	
面对的问题:"是否应立即释放美国人质?"	
如果我说是	**如果我说不**
我出卖了革命。	我坚持了革命。
别人会批评我是亲美派。	我会因为捍卫了伊斯兰教而受到赞扬。
其他人可能不赞同我的意见;如果他们赞同,我们释放了人质,那么:	我们可能会团结在一起。
	我们可以在电视上出尽风头,向全世界表达我们的不满。
伊朗显得软弱可欺。	伊朗显得强硬。
我们向美国屈服了。	我们顶住了美国的压力。
我们什么也得不到(得不到国王,也得不到钱)。	我们不会一无所获(至少可以收回我们的钱)。
我们不清楚美国会采取什么行动。	人质在手,可以保护我们不受美国干涉。
但是:	**但是:**
这样也许会结束经济制裁。	经济制裁无疑会继续。
我们与其他国家,特别是欧洲国家的关系也许会有所改善。	我们与其他国家,尤其是欧洲国家的关系会恶化。
	通货膨胀等经济问题会继续。
	美国也许会采取军事行动。
	然而:
	美国也许会在给我们钱、不干涉我国事务以及停止经济制裁等方面向我们做出进一步承诺。
	我们可以推迟释放人质。

如果一位有代表性的学生领袖的确做出与此相近的选择，我们就不难理解为什么这些激进派学生会长时间扣押人质了。虽然绑架行为本身让人愤怒，而且非法，但一旦人质被扣押，学生们就要等待有利的时机释放他们，扣押人质事件就一天天地拖了下去，这也并非不合逻辑。

在考虑对方目前面临的选择时，我们首先要问自己的是："我希望影响谁的决定？"其次，考虑对方认为你希望他们做出什么样的决定。如果连你自己都不清楚他们认为你希望他们做出什么决定，那他们也不会知道。单凭这一点就可以说明对方为什么没有做出你所希望的决定了。

接下来，从对方的角度分析同意或拒绝做出你希望他们做出的决定的后果。你会发现，按下面的方法列一张表是非常有用的。

对我个人利益的影响

◎ 我会失去还是获得政治支持？

◎ 同事们会批评还是称赞我？

对集体利益的影响

◎ 短期后果是什么？长期后果是什么？

◎ 会产生什么经济（政治、法律、心理、军事等）后果？

◎ 对外部支持者以及舆论的影响如何？

◎ 开这个先例是好还是不好？

◎ 这个决定是否会阻碍其他更有利的事情？

◎ 这一做法是否符合我们的原则？这么做"对"吗？

◎ 我能推迟做这个决定吗？

在整个过程中，力求完全准确是错误的。你很难碰到一个会写下得失利弊来进行权衡的决策者。毕竟你是在试着理解一个非常具有人性的选择，而不是做一道数学计算题。

要认识到双方都有多重利益。在几乎所有的谈判中，每一方都有多种利益，而不只是一种。比如，在租房的时候，也许你既想获得一份对自己有利的租约，又想不费力气尽快达成协议，还想和房东保持良好的合作关系。你的利益不仅在于影响达成的协议，而且在于执行该协议。你追求的利益中既有你个人的利益，也有双方共同的利益。

把谈判理解为双人及双边事务是具有启发性的，但你不能因此忽略其他人、其他谈判方或其他影响的存在。在一次棒球队队员要求加薪的谈判中，总经理坚持认为，尽管其他球队支付给相同水平的球员至少 50 万美元，但这个数目还是太大了。事实上，总经理本人也认为自己的立场站不住脚，但俱乐部老板严格指示他坚决不能松口，也不能解释原因，因为他们不想让公众知道他们在资金上有困难。

每一位谈判者都要对某些人负责，这些人可能是他的老板、客户、雇员、同事、亲戚或者妻子，这些人的利益是他所关心的。理解这位谈判者的利益意味着要理解他需要考虑的方方面面的利益。

最重要的利益是人的基本需求。在寻找公开立场背后潜在的基本利益时，特别要注意人类最根本的需求。如果你能照顾到这些基本需求，你就能增加双方达成协议的机会，或增加达成协议后对方遵守协议的可能性。人类的基本需求包括：

◎ 安全感。
◎ 经济利益。
◎ 归属感。
◎ 获得他人认同。
◎ 主宰自己的生活。

尽管这些需求是最根本的，但它们经常被忽略。在许多谈判中，我们习惯性地认为金钱是唯一的利益所在。但即使是有关钱的谈判，比如确定离婚协议中的赡养费，往往也涉及钱以外的更多方面。妻子要求每周500美元赡养费的真正目的是什么呢？当然，她对自己的经济状况非常关心，但有没有其他原因呢？她也许是为了获得心理上的安全感，也许是想获得别人的认同：觉得自己受到了平等、公正的待遇。也许丈夫付不起每周500美元的赡养费，妻子也可能并不需要那么多钱，但只有通过其他方式满足她的安全感和获得认可的需求，她才有可能降低赡养费的标准。

对个人来说是这样，对集体、国家来说也是如此。只要一方认为自己的基本需求得不到满足，谈判就不会取得进展。比如，美国希望通过谈判以低廉的价格从墨西哥购买天然气。美国能源部长错误地认为这是一场关于钱的谈判，于是否决了美国某石油财团同墨西哥达成的关于提高价格的协议。由于当时墨西哥没有其他可能的买主，所以美国能源部长认为对方会降低报价。但墨西哥人不仅希望天然气能卖个好价钱，更希望得到尊重和平等的对待。美国的行为似乎是对墨西哥的又一次要挟，令墨西哥人非常生气。结果，墨西哥政府不但不卖天然气，而且开始把天然气烧掉。从政治角度而言，任何降低价格的协议都是墨西哥不可能接受的。

再举一个例子。在关于北爱尔兰未来地位的谈判中，新教领导人忽视了天主教徒对归属感和认同感的需求，以及被对方接纳与平等对待的愿望。同样，天主教领导人也经常轻视新教徒对安全感的渴望，把新教徒的担忧视为"他们自己的问题"，而不是一项值得关注的合理需求，这使谈判陷入了僵局。

列一张清单。要理清谈判各方不同的利益，最好列一张清单，想到什么就写下来。这么做不仅能帮助你记住这些利益，而且当你获得新信息并把这些利益按重要性排序时，它能帮助你提高评估质量。另外，这么做也许能启发你如何满足这些利益。

讨论利益

谈判的目的是实现自己的利益。只有与对方就此沟通，才能增加实现这些利益的可能性。对方可能并不知道你的利益是什么，你也可能不知道对方的利益所在，你们中有一方或者双方只顾抱怨已经过去的事情，而不考虑下一步该怎么做。或许你们根本就没有听对方在说些什么。怎样才能做到有建设性地讨论利益问题而不致陷入僵化的立场呢？

如果希望对方认真考虑你的利益，那就明确告诉他们怎样做才符合你的利益。一名市民团体成员对附近的施工项目不满，就应该直截了当地提出保证儿童安全和确保周围居民夜间有良好睡眠等问题。如果一位作家想举行赠书活动，他就应该和他的出版商进行协商。出版商在宣传活动上有共同利益，兴许还愿意向作家提供低售价。

形象地描述你的利益。如果你在胃溃疡正发作的时候去看病，却对医生说自己只是有点儿肚子痛，那你就别指望能减轻多少病痛。你的任务就是，让对方准确了解你的利益的重要性和合理性。

首要原则就是：具体。具体的细节不仅让你的叙述真实可信，还能增加影响力。比如，"上周有三次，你们的卡车都险些撞到孩子。周二早上约 8 点 30 分，你们的一辆红色重型卡车以每小时近 40 英里的速度向北行驶，突然转弯时险些撞到了 7 岁的洛蕾塔·约翰逊"。

只要你没有表现得认为对方的利益不重要或不合理，你就可以采取坚定的立场来陈述自己所关注问题的严重性。欢迎对方"随时纠正我说错的地方"，表现自己开放的态度。如果对方没有纠正你，就说明他们接受了你对情况的描述。

强调你的利益的合理性会给对方留下深刻印象。你要让对方理解，你不是在对他们进行人身攻击，而是你面临的问题理应得到足够重视。你要让对方相信，如果他们处在你的位置上，他们的想法会跟你的一致。"你有孩子吗？如果你家住的那条街道上有辆卡车以每小时 40 英里的速度横冲直撞，你会怎么想？"

承认对方的利益。我们每个人都太注重自己的利益而几乎不关心别人的利益。

如果对方认为你理解他们，那么他们会更重视你说的话。人们通常认为，理解自己的人是富有同情心的聪明人，这种人的观点值得一听。所以，如果你希望对方重视你的利益，那么首先你就应当表明你重视对方的利益。

"根据我的理解,你们作为一家建筑公司,首要利益就是以最低成本尽快完成任务,并保持自己安全生产、施工负责的声誉,我说得对吗?你们还有其他重要利益吗?"

除了表示理解对方的利益,还应当把对方的利益作为你要解决的整个大问题的一部分。如果双方存在共同利益,那么做到这一点就非常容易了。"如果你们的一辆卡车撞到孩子,那对我们双方都将是一件非常可怕的事情。"

先说问题,再拿出你的方案。如果你对建筑公司的代表说:"我们认为,你们必须于48个小时内在工地周围建起围墙。而且,从现在开始,你们的卡车在橡树街上行驶的速度不得超过每小时15英里。下面让我来告诉你们这么做的理由……"那么他一定不会听你讲下去。他已经知道了你的立场,肯定正在心里准备着如何回击。也许你的语气或者你提的建议本身惹恼了他。结果,你的解释被当成了耳边风。

如果你希望对方倾听并且理解你的解释,那么就先说出自己的考虑,再得出结论或提出建议。首先告诉建筑公司的代表,他们给孩子们带来了危险,而且晚上你被吵得睡不着觉,这样对方就会仔细听你讲下去,即使这么做仅仅是因为他们想知道你在这个问题上的态度。接下来告诉他们你的立场,他们就能理解了。

向前看,不回头。令人惊讶的是,人们经常只是被动地对别人的言谈举止做出反应。两个人经常会陷入一种类似谈判的对话,而实际上完全不是以达成协议为目的。他们在某些问题上有分歧,你一言、我一语,争论不休,好像是在试图达成一致意见。事实上,这样的争论只是表面形式,或者说仅仅是一种消遣。每一方都想占上风,或是搜集证据,以巩固自己对另一方固有的看法。没有哪一方在寻求共识,甚至连试着影响对方的念头都没有。

如果你问两个人为什么争吵,回答几乎都是因为什么事而不是出于某个目的。无论是夫妻之间,公司与工会之间,还是公司之间,人们在争吵的时候总是被动地对另一方的言行做出反应,而不是主动地为自己的长期利益做打算。"他们可不能这样对待我!如果他们想这么干,那可就大错特错了。我不会放过他们的。"

"为什么"这个问题通常有两种截然不同的意思。一种是回头看,找原因,认为我们的行为是由已经发生的事情决定的;另一种是向前看,找目的,我们的行为取决于自己的意志。当然,在决定采取行动之前,我们无须就自由意志论和决定论展开一场哲学辩论。无论是听凭自由意志,还是坚信自己的行为是早已注定的,我们都做出了选择。事实上,我们可以选择向前看还是回头看。

向前看比回头看更符合你的利益。不要与对方争论已经发生的事情——上一季度的成本(太高了)、上周采取的措施(没有得到充分授权)或是昨天的业绩(有负众望),谈谈你希望将来出现什么样的情况。不要要求对方解释昨天的行为，而应该问："明天谁该做什么了？"

具体而不失灵活。在谈判中，既要站稳立场，又要乐于接受各种新想法。人们经常图省事，谈判前不做任何准备，只是在谈判时坐在那儿听对方提出建议和要求。

怎样在确定利益之后形成具体的选择方案，同时又不失灵活性？要想将利益转化成具体的选择方案，首先应当问一下自己："如果对方明天同意接受我的建议，那么我希望对方同意什么？"为了保持灵活性，你要将你制订的每一个选择方案都视为在阐明自己的利益。多考虑几个能满足你利益的方案，阐明自己的利益是关键。

在谈判中一开始就摆出自己的立场确实能帮助立场式谈判者得到一些好处，但提出建议、阐明自己的利益也能达到同样的目的。比如，在棒球队队员的合同谈判中，球员代理人可能说："亨德森希望自己的收入能体现个人价值，年薪500万美元差不多能满足他这方面的要求。他还需要一份稳定的工作，签五年期的合同应该能满足他的需求。"

在考虑了自己的利益之后，你可以准备一个或几个符合自己正当利益要求的具体选择方案，参加谈判时也要乐于接受对方的意见。乐于接受对方的意见并不等于自己什么都不考虑。

对问题强硬，对人温和。就像一些谈判者坚持自己的立场一样，你也可以坚持要求对方满足自己的利益。事实上，采取强硬的态度是可取的。死守立场是不明智的，但努力争取自己的利益是明智之举。在谈判中，你需要主动出击，捍卫自己的利益。对方关注他们自己的利益，往往对达成协议有过分乐观的估计。只有努力捍卫自己的利益，才能取得明智的结果，也就是自己获益最大、对方损失最小。谈判双方都努力争取自己的利益，这往往会激发创造性，想出对双方都有利的方案。

比如，那家建筑公司担心通货膨胀、货币贬值，公司的最大利益在于尽量降低成本，按时完工。你得说服他们，用真诚打动他们，帮助他们在利润和儿童安全之间找到最佳平衡点。不要因为态度软弱而使自己的问题得不到公正的解决。"你当然不会认为，我儿子的性命不如一道围墙值钱，你不会拿自己的儿子做这种比较，我相信你不是没有人情味的人。詹金斯先生，咱们谈谈怎样解决这个问题吧。"

如果对方觉得在某个问题上受到了人身攻击，他们就会变得警惕，不愿听取你的意见，这就是为什么一定要把人和事分开。就事论事，不要指责对方。不仅不要指责对方，还要对他们表示支持：对对方的意见洗耳恭听，对他们彬彬有礼，感谢他们付出的时间和精力，强调你也考虑到了他们的基本要求，等等。你要让对方知道，你对事不对人。

一个有用的经验法则是，不仅要全力对付问题，而且要全力支持对方。这看似矛盾，而且从心理学角度而言，这的确是一个矛盾，但正是这种矛盾促使问题得到解决。心理学上一个很著名的理论就是认知不一致理论。这一理论认为，人们不喜欢矛盾，因而会努力消除矛盾。在着手对付某个问题（比如卡车在居民区高速行驶）时，给予建筑公司代表积极的支持，这样你会给他造成认知不一致的感觉。为了消除这种不一致，他会客观地分析问题，与你一起寻找解决方案。

对实质性问题采取强硬态度会增加压力，促使双方找到有效的解决方案；支持对方则可增进双方的关系，加大达成共识的可能性。支持与进攻结合起来才能发挥作用，两者缺一不可。

在谈判中努力争取自己的利益并不意味着对对方的观点置之不理。恰恰相反。如果你不考虑对方的利益，不重视对方的建议，你就不能指望对方会重视你的利益，讨论你提出的建议。成功的谈判需要将强硬和灵活二者巧妙地结合起来。

第4章
为共同利益创造选择方案

　　以色列和埃及就谁该拥有西奈半岛多少领土的谈判既说明了谈判中的一个重要问题，又显示了一个关键的机会。

　　问题属于常见的那种。要想把馅饼分得让双方都满意似乎不太可能。人们往往从一维的角度进行谈判，比如领土的面积、汽车的价格、公寓的租期、某笔交易的佣金数额等。有时你所面对的是看似非你即他的利益选择。比如，在离婚协议中，房子归谁？孩子谁养？对你来说，选择也许是关系到胜负的抉择，双方都不愿承认失败。即使你赢得谈判，以1.2万美元买下轿车，签订了五年的租约，或是得到了房子和孩子，你也会背负一种对方让你不能忘怀的沉重感觉。不论形势如何，你的选择似乎很有限。

　　西奈半岛的例子也清楚地表明了机会的重要性。类似西奈半岛实行非军事化这样创造性的选择方案，往往会使谈判由僵局转为达成共识。我们认识的一位律师把自己的成功直接归于善于创造对自己的客户和对方都有利的解决方案，他在分割馅饼之前把馅饼做大了。善于创造多个选择方案是谈判者可以拥有的最具价值的一笔财富。

但是，谈判者往往像寓言中争食橘子的孩子那样结束谈判：两个孩子最终决定平分橘子后，第一个孩子拿走一半，吃了橘子肉，把橘子皮扔了；第二个孩子扔了橘子肉，用他那一半橘子皮烤蛋糕。谈判者往往"把钱留在谈判桌上"，即未能将利益最大化——他们未能达成本应达成的协议，或是未能达成对双方更有利的协议。大多数谈判结果是平分橘子，而不是一方拿橘子肉，一方拿橘子皮。为什么会这样呢？

做出诊断

尽管手里有多个选择方案是非常重要的，但参与谈判的人往往意识不到其必要性。人们在争论中总是认为自己知道正确答案——他们的观点应该占上风。在合同谈判中，他们同样认为自己的提议是合理的，应该被采纳，也许只需对价格做一些调整就可以了。所有的可能结果似乎都在双方立场之间的一条直线上，唯一有创造性的想法通常就是求同存异。

在大多数谈判中，有四大障碍阻止了人们创造多个选择方案：(1) 不成熟的判断；(2) 寻求单一的答案；(3) 以为馅饼的大小是不变的；(4) 认为"他们的问题应该由他们自己解决"。为了克服这些障碍，你必须了解它们。

不成熟的判断

寻找新方案这种想法来得并不容易。人的天性是因循守旧，即便置身于紧张的谈判之外也是如此。假如有人问你，谁最应该获得诺贝尔和平奖，你想到的每一个答案都可能很快遭到自己的怀疑。你怎么敢肯定这个人是最应该受此殊荣的呢？你的脑子也许会变得一片空白，或者你会抛出几个反映传统思维模式的答案："可能是教皇或总统吧。"

对创造力最有害的是那种总是抓住一切新事物的不足大做文章的批判意识。评判妨碍了想象力的发挥。

面对即将到来的谈判压力，你的批判意识可能会变得更强。实际谈判需要的是切实可行的想法，而不是凭空想象。

你的创造力可能会由于对方的存在而受到进一步遏制。假设你在和老板商谈自己下一年的薪水，你要求增加 4 000 美元，而老板只同意增加 1 500 美元，你对此表示不满。在这种紧张的情况下，你不大可能想出什么新主意。你可能担心，如果提出加薪 2 000 美元，另外 2 000 美元作为额外津贴这种新鲜而不成熟的想法，自己会显得很傻。你的老板也许会说："别开玩笑。你没有这么傻吧？这会破坏公司的规定。我很惊讶你会有这种想法。"如果你当时想到并提出分几次提薪的可能方案，他也许会认为这值得考虑，并说："我打算在此基础上进行谈判。"由于他会把你说的每一句话当作一种承诺，所以你在说任何话前都应仔细地考虑清楚。

也许你还会担心，由于想出了一些选择方案，你可能会泄露对自己的谈判立场不利的信息。比如，你建议公司赞助自己买房，你的老板可能会认为你打算继续留在公司，进而以为你最终会接受他提出的任何提薪条件。

寻求单一的答案

在大多数人的头脑中，创造并不是谈判中的步骤。人们认为，自己的工作就是缩小双方立场的差距，而不是增加可能的选择方案。他们会想："我们为了达成一致费了那么大的劲，现在最不需要的就是一堆各不相同的想法。"由于谈判的最终结果只能是一个决定，所以他们担心，漫无边际的讨论只会拖延时间，把事情弄糟。

如果创造性想法的第一个障碍是不成熟的批评，那么第二个障碍就是不成熟的结束。假如从一开始就只是为了寻找唯一的最佳答案，你就很容易错过本应有多个选择方案的明智决策过程。

以为馅饼的大小是不变的

缺乏创造性选择方案的第三种解释是,谈判双方把形势看作胜负之争,即争论的结果不是我赢就是你赢。谈判往往像是一场"定量"的较量:以汽车价格为例,你多得100美元就意味着我损失100美元。如果所有选择方案明摆着只有以损害我的利益为代价才能满足你,那何必费心去创造方案呢?

认为"他们的问题应该由他们自己解决"

创造合乎实际的选择方案的最后一个障碍在于,谈判双方考虑的仅仅是自己的眼前利益。如果一位谈判者希望达成能够满足自己的利益需求的协议,他就需要找到同时能满足对方利益需求的解决方案。但当一方使问题带上感情色彩的时候,谈判者就很难让自己置身事外,并想出能满足双方利益的明智办法:"我们自己的问题已经够多的了,他们可以解决他们自己的问题。"而且,人们往往在心理上不愿承认对方观点的合理性,似乎想办法满足对方的利益就是跟自己过不去。缺乏长远目光,只顾自己,导致谈判者只能形成片面的立场,获得片面的论据和片面的解决方案。

解决办法

于是，为了寻求富有创造性的选择方案，你需要做到：（1）将创造选择方案与评判方案二者分开；（2）增加谈判桌上的选择，不要只寻求唯一的方案；（3）寻求共同利益；（4）找到让对方容易做决定的方法。下文将对上述步骤分别进行讨论。

把创造与决定分开

由于评判会阻碍想象力的发挥，所以应把创造行为与评判行为分开，把思考可能性方案的过程与从中进行选择的过程分开。先创造，再决定。

作为一名谈判人员，你不可避免地会进行许多创造。这并非易事。所谓创造就是要求你找到新想法而不是展现你头脑中固有的东西，因此你有必要考虑安排一次讨论，与几个同事或朋友一起交流想法，各抒己见。这种讨论方式可以有效地将创造与决定过程分开。

集思广益的目的在于为手头的问题找到尽可能多的解决方案，其根本原则是把所有对方案的批评和评价放到以后再说。大家要做的就是创造各种想法，无须停下来考虑这些想法的好坏或者现实与否。由于取消了那些限制，一个想法会引发另一个想法，就像一串爆竹一样，一个接一个地炸开。

集体讨论时，人们不需要担心自己的想法显得愚蠢，因为集体讨论明确鼓励疯狂的想法。而且，由于没有谈判对手在场，谈判者也不必担心泄露机密或者让某种想法被理解为认真的承诺。

集体讨论没有固定的形式，你可以根据自己的需要和资源进行安排。你在这么做的时候，会发现以下指导原则很有帮助。

在集体讨论之前：

（1）明确你的目的。想想你希望带着什么结果走出会议室。

（2）寻找几个参与者。讨论规模应大到足以产生互动的交流，小到可以鼓励个人的参与以及自由发挥——通常5~8人为宜。

（3）改变环境。挑一个时间和地点，尽可能不同于平常的讨论。集体讨论开展得越是不同于普通会谈，参加者就越容易把评判放到脑后。

（4）创造一种非正式气氛。怎样才能让你和其他人放松呢？可以边喝饮料边谈，可以在风景优美的度假区谈，也可以就在会议期间解下领带，脱去外套，互相亲切地打招呼。

（5）选一个主持人。会上需要一个主持人——保证讨论不跑题，保证每个人都有发言的机会，遵守一定的原则，并且通过提问激发大家的讨论。

在集体讨论期间：

（1）让参与者并排坐在一起，共同面对问题。身体上的靠近能加强心理上的共识。参与者并排坐在一起，可以巩固处理共同问题的心态。面对面坐的人容易从自己的角度出发，进行对话或争执；大家围成一个半圈，面对黑板，则易于回答黑板上写的问题。

（2）明确基本原则，包括不批评原则。如果参与者不是互相都认识，那么讨论可以从互相介绍开始，然后明确讨论规则，不允许出现任何形式的批评。

共同创造会产生新想法，因为每个人只是在自己观念的限制下进行创造。如果一个想法由于不能获得全体通过就被否决，那么讨论的目标无形中就会变成寻找反对的方案。而如果鼓励疯狂的想法，包括那些看似完全不可能的想法，人们也许会从这些想法中找到合理可行且以前没有人想到的其他方案。

你想采用的其他基本原则可能还有：整场讨论不做记录，不把每一个想法与任何参与者对号入座。

（3）集思广益，各抒己见。一旦讨论的目标明确，就发挥你的想象力吧！试着列出一长串想法，从每一个可能的角度接近问题。

（4）记下所有想法，做到一目了然。把所有的想法都记在黑板上,或者最好记在大新闻纸上,这会给大家一种真实的集体成就感。这样做能巩固不批评原则,避免重复,还能帮助激发其他人的想法。

在集体讨论之后:

(1)把最有可能的想法标出来。集思广益结束之后,放宽"不准批评"这条原则,以挑出最有希望的那些方案。你仍然不处在决定阶段,而只是选出那些值得进一步研究的想法,把参与者认为最好的想法标出来。

(2)改进有希望的方案。拿出一个有希望的方案,想办法让它变得更好、更现实,并考虑如何付诸实施。这一阶段的任务是尽量使这个想法具有吸引力。在建设性的批评前加上:"我认为那个想法最可取的是……如果这样会不会更好……"

(3)确定一个时间点来评估这些想法,并做出决定。在散会之前,把讨论出的更好的想法列成表,并确定一个时间点,商定哪些想法可以用于谈判以及怎样谈判。

考虑与对方开展集体讨论。虽然与己方相比,同对方展开集思广益的讨论困难得多,但这种讨论也可能极具价值。说它更为困难的原因在于,尽管为集体讨论规定了种种原则,但你还是很可能说出偏向自己利益的话。你可能会无意中泄露机密或者让对方把你设计的某个选择方案误认为你的提议。尽管如此,双方一起举行集体讨论的好处在于,产生的想法会充分考虑参与各方的利益,营造合作解决问题的气氛,并能让各方了解对方的关注点。

在与对方进行集体讨论时,为了保护自己,应该把各抒己见与谈判明确区别开来。后者需要陈述正式观点并随时记录说过的话。人们习惯性地以为会谈的目的就是达成协议,因此对其他任何目的都需要加以明确说明。

为了避免自己显得过于倾向某一想法,你可以养成一种同时提出至少两个替代方案的习惯。你还可以提出自己显然不会同意的选择方案,如:"我可以一分钱不要,把房子白送给你,你也可以付给我100万美元现金来买房,或者……"由于你明显不会主张这些想法,所以你接下来说的话将只会被当作一种可能,而不是提议。

为了让大家体会一下双方一起举行集体讨论的感觉,让我们假设,本地工会领袖与煤矿资方就如何减少未获批准的罢工这一问题共同献计献策。有10人参加(各方出5人),他们围坐在一张桌子旁,面对一块黑板,一位中立协调人询问双方的想法,并在黑板上记录。

协调人：	下面让我们看看你们对解决未经批准的罢工问题有什么想法。我们争取在5分钟内写出10条想法。那么，下面开始。汤姆，你先说。
汤姆（工会）：	工头应该能够当场解决某位工会成员的不满。
协调人：	很好，我记下来。吉姆，你举手了。
吉姆（资方）：	工会成员应在采取任何行动前把问题告诉工头。
汤姆（工会）：	他说了，可工头不听！
协调人：	请先不要批评，汤姆。我们说好了待会儿再谈这个问题的，好吗？你呢，杰里，你好像有什么想法？
杰里（工会）：	当出现罢工问题时，应允许工会成员立即在澡堂碰头。
罗杰（资方）：	我们可以允许工会使用澡堂开会，也同意为了保证雇员的隐私权，把工头关在门外。
卡罗尔（资方）：	是否可以制定一条规则，规定任何一次罢工前，要先给工会领袖和资方一次当场解决问题的机会？
杰里（工会）：	如果工头与工会成员无法解决问题，资方是否可以加速处理工人不满的程序，在24小时内召开会议？
凯伦（工会）：	对。是否可以为工会成员和工头组织一些联合培训，教他们如何共同处理他们的问题？
菲尔（工会）：	如果谁表现出色，就应该表扬他。
约翰（资方）：	在工人和资方之间建立一种友善的关系。
协调人：	这个听起来很可行，约翰，你能说得具体些吗？
约翰（资方）：	嗯，比如成立一支劳资联合棒球队。
汤姆（工会）：	还有保龄球队。
罗杰（资方）：	每年举办一次所有家庭参加的野餐怎么样？

就这样，参与者的脑海里一下子冒出了很多想法。要不是因为有这样的集体讨论，许多想法也许永远不会出现，其中有些可能对于减少未经批准的罢工很有效。花在集体讨论上的时间肯定是谈判中花得最值的时间。

但不论你们是否进行集体讨论，把创造选择方案与决定选择什么方案区别开来，这对于任何谈判都是非常有效的。讨论选择方案与采取立场相去甚远。尽管双方的立场相互冲突，但提出选择方案会带来其他选择。二者使用的语言也不同：讨论方案时，人们用的是询问口气，不是断言；它是开放的，不是封闭的。"一种选择是……你们还有其他什么方案吗？""如果我们同意这个方案会怎样？""我们这样办怎么样？""这种方案是否可行？""那个方案有什么问题？"先开动脑筋，再做出决定。

扩大选择范围

即使是完全出于善意，参与集体讨论的人也往往是抱着寻找最佳方案的想法考虑问题的。这么做无异于大海捞针。

谈判处在这一阶段时，你的目的不是寻找正确的途径，而是开创可以谈判的空间。只有通过获得许多截然不同的想法才能开创这种空间——可以成为你和对方日后谈判基础的想法，以及你们可以共同进行选择的想法。

酿酒商为了酿出好酒，需要从不同种类的葡萄中挑选满意的葡萄。棒球队为了挑选明星球员，需要派星探走访全国各地的地方球队和校队。同样的原则也适用于谈判。不论是酿酒、选球员还是谈判，明智决策的关键都在于从大量不同的选择中进行挑选。

如果有人问你，今年谁可以获得诺贝尔和平奖，你可以回答"让我想想"，然后从外交、商业、新闻、宗教、法律、农业、政治、学术、医学等领域列出约100个人，而且一定要保证凭空提出一些看上去不切实际的想法。最后以这种方式做出的选择一定比你从一开始就试图决定正确人选强。

集体讨论可以解放人们的思想，让人们创造性地去思考。一旦思维冲破束缚，他们就需要找到思考问题的方法，找到建设性的解决方案。

通过在总体情况和具体情况之间穿梭，增加选择方案：环形图。创造选择方案包含四种类型的思维。第一种是考虑某个具体问题——你反感的实际问题，比如屋旁的一条臭水沟。第二种是进行描述性分析——你从总体上对现有的情况进行判断。你把问题分成几类，并试着寻找原因。臭水沟的水可能含有大量化学物质或者缺氧。你可能会怀疑上游有各种工厂。第三种思维方式还是从总体出发，考虑也许应该做什么。通过得出的分析结果，你可以对症下药，比如减少化学物质的排放，减少河流分支，或者从其他河流引来洁净的水。第四种思维方式是，找出一些具体可行的行动建议。明天该由谁采取什么方法把某个方案付诸实施呢？比如，国家环保机构可以向上游工厂发布命令,限制化学物质的排放量。

下面的环形图说明了这四种思维模式以及依次实施的顺序。如果一切正常,那么以这种步骤创造的具体方案一旦被采纳,就可以解决你最初的问题。

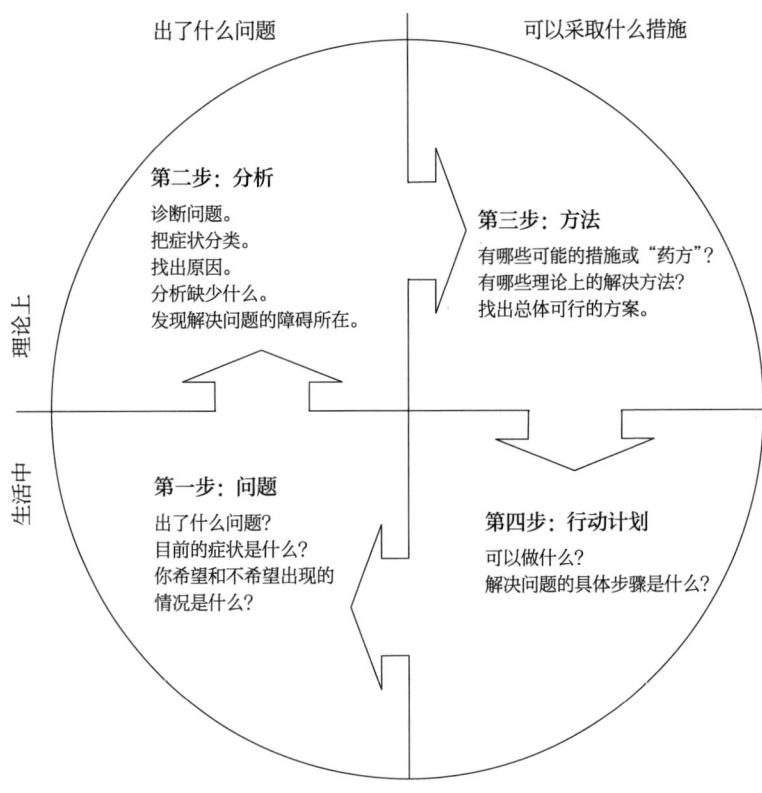

环形图:创造选择方案的四个基本步骤

环形图提供了一种简单的方法,即用一个好想法来激发其他的想法。在得到一个有效的行动方案后,你(或者正在进行集体讨论的你们）可以回过头来，试着找出基本方法，而手头的这个行动方案只是其中一个适用方案。然后，你可以想出其他行动方案，它们能将同样的基本方法应用于实际。同样，你可以再退一步问问自己："如果这种理论方法可行，它背后的原理是什么？"找到了原理，你就可以想出其他方法，解决用这一方法分析过的问题，然后寻找将这些新方法付诸实施的行动方案。一个好方案可以使你由此思考方案优越的原理何在，然后用此原理创造更多的选择方案。

下面举一个例子说明这一过程。在解决北爱尔兰冲突问题时，一种想法是，让天主教和新教的教师合作编写关于北爱尔兰历史的教材，用于双方的小学教育。这本书可以从不同的观点介绍北爱尔兰的历史，给孩子布置练习，包括扮演角色和让他们站在别人的角度思考。为了得到更多的想法，你可以先从这一行动建议开始，然后从中找出理论方法。由此，你可能会提出下面的基本建议：

两种学校体系中应具有一些共同的教学内容。

天主教徒与新教徒应该在一些小的可操作项目上共同合作。

应该尽早在孩子中间提倡理解。

讲解历史应突出双方的不同视角。

通过这种理论，你也许能够提出其他行动建议，比如由天主教和新教联合制作一部影片，从不同的视角展现北爱尔兰的历史。其他行动想法还包括开展教师交流项目，或者在双方教育体系内为小学生开设一些共同课程。

从不同的专家视角看待问题。另一种创造多个选择方案的方法是，从不同的职业、不同学科的角度看待自己的问题。

比如，对于儿童监护权的争执，为了寻求可能的解决办法，你可以从教育家、银行家、精神病专家、民事律师、部长、营养专家、医生、女权主义者、足球教练或有其他独特见解的人士的角度看问题。如果是有关商业合同的谈判，你可以创造几个可能想到的选择方案，选择的角度可以是银行家的，也可以是发明家、工会领袖、房地产投机者、股票经纪人、经济学家、税务专家或社会学家的。

你也可以将这种从不同专家的视角看问题的方法与使用环形图结合起来。反过来想想每位专家会如何判断形势，每个人会建议用什么方法解决问题，以及由此应采取什么切实可行的措施。

创造不同力度的协议。如果期望达成的协议无法通过，你可以考虑几个态度不强硬的提议，这样可以增加谈判桌上可能达成的协议的数量。如果你们无法就实质性问题达成一致，也许你们可以就程序性问题达成共识。如果制鞋商与批发商对于谁应赔偿运输中损坏的鞋互不相让，也许他们会同意将问题提交仲裁。同样，如果无法达成永久性协议，也许可以达成一份临时协议。至少当你与对方不能达成重大协议时,你们通常可以达成次要的协议,也就是同意你们存在分歧。这样,你们双方都会明白争论的焦点所在,而这有时并不是很明显。下面列出的形容词代表了不同力度的可能协议。

较为强硬	较为温和
实质性的	程序性的
永久的	临时的
全面的	部分的
一锤定音的	原则上的
无条件的	有条件的
有约束力的	无约束力的
重要的	次要的

改变所提出协议的范围。考虑一下是否可能不仅改变协议的力度,也改变其范围。比如,你可以把问题"分割"成小而好操作的几部分。对可能为你的著作承担编辑工作的人,你可以建议:"先定第1章的编辑费为300美元,看看以后的情况再说。如何?"协议可以是部分的,涉及的当事人可以少一些,可以只考虑经挑选的主要问题,可以只适用于某一特定地区,或是只在有限的时间内有效。

另一种激发灵感的方法是,考虑一下如何将主要问题扩大而使其更具有吸引力。在印度与巴基斯坦关于印度河水域的争执中，世界银行的加入使人们看到解决问题的希望。世界银行建议谈判双方都规划新的灌溉工程、新的水库以及其他对两国都有利的工程项目，这些都将得到世界银行的资助。

寻求共同利益

创造性地解决问题遇到的第三个障碍是，以为馅饼的大小是固定不变的——你得到的少，我得到的就多，但这种想法几乎没有一次被证明是正确的。首先，这样会使双方的处境都比当前的情况更糟。国际象棋似乎是一个零和游戏，一方输，另一方就赢。可如果一条狗跑过来，撞翻桌子，打翻啤酒，这样的结局则会使双方面临比之前更糟糕的情况。

即使不考虑避免共同损失这一共同利益，共同获益的可能性也总是存在的。其形式可以是建立一种互利的关系，或者通过一种创造性的解决方案满足各方的利益需求。

明确共同利益。从理论上说，共同利益显然有助于达成协议。显然，创造一个满足共同利益的方案对你和对方都有利。然而，实践的时候就不那么清楚了。当一场价格谈判进行到一半时，共同利益不会显得那么明显或重要。那么，寻求共同利益有什么帮助呢？

让我们来看一个例子。假设你是一家炼油公司的经理，权且叫它汤山石油公司。公司所在的百威市的市长告诉你们，他想将汤山石油公司每年交给市里的 100 万美元的税金增加到 200 万美元。你告诉他，一年 100 万美元已足够多了。谈判的问题在于：市长需要更多，而你只愿意按往年的标准支付。在这场典型的谈判中，共同利益将扮演什么角色呢？

让我们进一步分析一下市长想得到什么。他需要钱——钱无疑要用在市政建设上，比如新建一个市民中心，或者用来减轻普通纳税人的税负。但仅仅从汤山石油公司那里，市里并不能得到现在和将来需要的所有钱，比如，他们要从街对面的石油化工厂得到所需的资金，将来要从新建或扩建的商业企业得到资金。市长本人有商业头脑，他也希望鼓励工业扩大规模，吸引新的项目，以提供新的就业机会，加速百威市的经济发展。

你们公司的利益何在呢？鉴于炼油技术的飞速变革以及你的炼油厂落后的条件，你目前正在考虑对工厂进行大修，扩大规模。你担心的是，炼油厂扩建后，市政府会提高对它的价值评估，因此把税提得更高。你还考虑到自己已经吸引一家塑料厂把厂房建在自己公司附近，以方便使用自己的产品。你自然会担心，一旦塑料厂发现市政府提高税费，它就会改变主意。

现在你和市长的共同利益变得更明显了。你们的一致目标是，加速工业发展，鼓励建立新企业。如果你试着思考一下满足这些共同目标的方案，你也许会想到下面几个：对新企业免税七年；与商会联合举办宣传活动，吸引新公司；对选择扩大发展规模的公司实行减税。这些想法既可以为你省钱，又能充实市政府金库。而如果谈判恶化了公司与市政府的关系，结果就是两败俱伤。你可能会终止对城市慈善机构和学校体育事业的赞助，而市政府可能会不通情理地加大建筑条例和其他法规的执行力度。你本人与市政界、商界领袖的私人关系也可能变得不尽如人意。谈判各方的关系往往比任何具体问题的结果都重要，但人们经常认为各方的关系如何是理所当然的而不予以重视。

作为一名谈判者，你应尽量找到让对方也满意的解决方案。如果顾客感觉在买卖中受骗，那么店老板实际上也失败了。他会失去一位顾客，名声也会受损。对你来说，让对方一无所获的结果比给对方一些安慰的结果糟糕得多。在几乎所有情况中，你的满意程度取决于该协议让对方感觉满意的程度。

关于共同利益，有三点值得牢记。第一，共同利益潜藏在每一场谈判中，它们往往不是即时可见的。你应该问问自己：我们对于维持关系是否存在共同利益？是否有机会进行合作并共同获益？如果谈判破裂，我们要承担什么损失？我们双方是否存在可以遵循的共同原则，比如一个公平的价格？

第二，共同利益只是机遇，不是天上掉下来的馅饼。要让它们发挥作用，你就必须对此有所作为。明确提出共同利益，并将其作为双方的共同目标，这将有助于谈判取得进展。也就是说，要把共同利益具体化并面向未来。比如，作为汤山石油公司的经理，你可以把在三年内引进五家新企业作为与市长的共同目标。这样，对新企业的免税政策就成为实现共同目标的一个行动，而不是市长对你做出的让步了。

第三，强调你们的共同利益可以使谈判变得愉快、顺利。在汪洋大海中，救生艇上的旅客给养有限，但他们为了实现上岸这一共同利益，就得在他们对食品的不同需求上做出让步。

融合不同的利益。再回到两个孩子争橘子的问题上来。因为两个孩子都想要橘子，所以他们把橘子平分，而没有认识到，一个孩子只要吃橘子肉，而另一个孩子只要橘子皮烤蛋糕。和其他许多谈判一样，由于双方的需求不同，所以才可能达成令双方都满意的协议。想想确实让人吃惊，人们总是以为双方的差异会造成问题，却不知差异也能解决问题。

协议经常建立在分歧的基础上。如果让你一开始谈判就在事实上与对方达成共识，那该有多么荒谬！这好比想买股票的人努力说服卖股者股价会涨一样。卖股票的人如果真的认为股价会涨，就不会出售股票了。交易成为可能是因为买方认为股价会涨，而卖方认为股价会跌。双方认识上的差异才促成了这桩生意。

许多富有创造性的协议正是反映了协议产生于差异的原理。利益和信念上的差异使协议可以对你非常有利，而又不需要对方付出什么代价。正如下面这首儿歌所唱的：

杰克·斯普拉特不吃肥肉，

他的妻子非肥肉不吃。

于是两人乐悠悠，

吃光了肉，舔净了油。

最利于双方达成协议的差异类型是利益差异、观念差异、不同的时间观、不同的预期和对风险的不同态度等。

利益上有何差异？下面我们列举了一些常见的利益差异。

一方更关心的是：	另一方更关心的是：
形式	内容
经济方面的考虑	政治方面的考虑
内部问题	外部问题
象征意义上的考虑	实际的考虑
即期利益	长期利益
特定结果	关系
物质利益	意识形态
进步	尊重传统
先例	现例
名望、声誉	结果
政治得分点	集体福利

观念存在差异？如果我认为自己的观点正确，你认为你的观点正确，那么我们就可以利用这一观念差异。我们都会同意由一名公正的仲裁员来解决问题，而且都相信自己会取得胜利。如果

工会中的两派领导人无法就工资问题达成一致，他们可以将问题交由工会成员投票表决。

不同的时间观？你也许更重视现在，而对方考虑得更多的是将来的利益。用生意场上的话来说，你们给未来的价值打了不同的折扣。分期付款计划就适用于这一原则。如果可以延期付款，买方就愿意花更多的钱购车；如果卖方能卖一个高价钱，他就愿意接受延期付款。

不同的预期？当一位已过黄金年龄的棒球明星球员和一支棒球联赛主要球队就薪水问题进行谈判时，明星球员认为自己将在比赛中表现得非常出色，而球队老板却不这么认为。利用这种不同预期，双方可以达成协议——底薪75万美元，如果明星球员表现出色，平均每场比赛的自责分少于3分，他还可以再得到50万美元的奖金。

对风险持不同态度？最后一种值得强调的差异是你们对风险的不同态度。以海洋法谈判中有关深海采矿的问题为例。勘探公司应该为自己享有的勘探权付给国际社会多少钱呢？它们自然想大捞一把，但更关心的还是如何避免重大损失。对它们来说，深海勘探是一项重要的投资，它们要降低风险。而国际社会关心的则是财政收入。如果某家公司准备从"人类共同的遗产"中大捞一把，那么其他国家也该得到应得的一份。

这一差异中蕴藏着对双方都有利的谈判机会。风险和财政收人之间可以进行交换。利用对风险的不同态度提出的条约是，到公司收回投资以前，只收取较低的费用。换句话说，公司风险小时，费用才会提高。

询问对方有何倾向。让利益互相融合的一种方法是，提出几个对你来说都能接受的选择方案，问对方倾向于哪一个。你只需知道对方倾向于什么，而不是接受什么。然后，你根据他们所倾向的方案再做进一步调整，再提出两个或更多修改方案，询问对方倾向于哪种选择。这样，无须任何人做出任何决定，你就可以完善一个方案，直到再也找不出任何共同利益为止。比如，棒球明星球员的代理人可以问球队老板："哪个方案更能满足你的利益？是连续四年年薪87.5万美元呢，还是连续三年年薪100万美元？后一个方案吗？好，那么你是倾向于连续三年年薪100万美元呢，还是连续三年年薪90万美元，并且如果费尔南多表现出色，平均每场比赛的自责分少于3分，那么每年再加50万美元奖金？"

如果一定要用一句话来总结不同利益的融合过程，那就是：寻找对你代价最小、对对方好处最大的方案，反之亦然。双方在利益、考虑问题的主次、观念、预期及对风险的态度等方面的差异可以融合。一个谈判者的座右铭可以是："差异万岁！"

让对方容易做决定

既然你在谈判中的成功取决于对方做出让你满意的决定，你就应该尽自己所能让对方容易做出那个决定。你要做的不是让对方觉得事情很难办，而是要让对方面临的选择尽可能地简单明了。由于只顾及自己的利益，人们很少注意那些通过照顾对方的利益来实现自己利益的方法。为了避免目光短浅，一心只关注自己的即期利益，要站在对方的角度思考。如果没有吸引对方的选择，那就可能永无协议可言。

站在谁的角度？你是试图影响一个谈判者、一位不在谈判现场的老板，还是某个委员会或其他联合决策机构呢？要是与"休斯敦"或"加州大学"这样的抽象概念谈判，那你是不会取得成功的。要想试图说服"保险公司"做出某个决定，你最好集中精力让一位索赔代理人提出建议。无论对方的决策程序多么复杂，只要你挑中一个人（最好是与你正在打交道的人），听听他或她对问题的看法，你就会对他们的决策过程有更深刻的了解。

把注意力集中在一个人身上并不意味着你不考虑问题的复杂性。相反，你在处理这种复杂性，方法是理解这些复杂性对谈判对手的影响。也许你可以从某个新角度看待自己的谈判角色、所做的工作，比如，你会认为自己是在帮助对方，或是给对方所需要的理由去说服其他需要说服的人。一位英国大使曾把自己的工作描述为"帮助我的对手得到新的指示"。如果你让自己完全站在对方的角度，你就能理解他的问题以及什么样的方案可能解决这个问题。

做出什么决定？我们在第 2 章谈到如何通过分析对方提出的选择来理解他们的利益所在。现在你要做的是，创造可以改变对方选择的选择方案，并让他们做出令你满意的决定。你的任务不是给对方问题，而是给对方答案，让对方做出一个轻松而不是艰难的决定。在此过程中，关键是要把注意力集中在决定本身，而不确定性经常阻碍那一决定的产生。

你总是希望自己得到尽可能多的利益，但自己也不清楚到底应是多少。事实上，你可能会说："你先说出来，我会告诉你够不够。"这样似乎看起来对你很合理，但如果从对方的角度看一看，你就会懂得提出一个具有吸引力的要求的必要性了。不论对方做什么或说什么，你可能都会认为那只是个底价——然后要求更多的东西。如果你总要求对方"主动一些"，那么你往往不会得到你所需要的决定。

许多谈判者不能肯定自己要的是方案还是实际行动。然而，区分二者是至关重要的。如果你要的是行动，就不要再增加"谈判空间"。如果你想要马跳过栅栏，就不要增加栅栏的高度。如果你想通过零售机以 75 美分的价格出售软饮料，就不要标价 1 美元来给自己谈判的余地。

大多数情况下，你要的是一个承诺——一份协议。拿出纸笔，试着起草几份可能的协议。用起草协议的方法帮助自己理清思路，这种做法在谈判中永远不会过时。可以准备多个版本，从最简单的可能开始。用什么样的措辞，对方才会签字呢？什么样的措辞不但让你满意，又能吸引对方？你可以减少审批协议的人数吗？你能设计一份便于对方执行的协议吗？对方会把执行协议遇到的麻烦考虑进来，你也如此。

比如，阻止还没做的事比阻止一直在进行的行动容易一些，停止做某事比开始一项全新的行动简单。如果员工们希望工作时放音乐，那么对公司来说，同意由雇员放磁带试行几周比接受这一要求更容易。

由于大多数人受到关于合理性的观念的强烈影响，所以，找到让对方容易接受的解决方案的有效途径是，对方案进行稍许加工，让对方觉得合理。当对方觉得这个方案看上去比较合理时，他们就更容易接受它。所谓合理，即公平、合法、体面等。

有先例最能促成决定，所以要努力寻找这样的先例。寻找对方在类似情况下做过的一项决定或声明，并尽量在此基础上提出一份协议，这样就为你的要求提供了一个客观标准，让对方容易接受。意识到对方愿望的连贯性，想想对方做过的事或说过的话，这样可以帮助你创造你能接受，又能照顾到对方利益的选择方案。

威胁是远远不够的。除了要考虑你希望对方做出的决定内容，你还应从对方的角度考虑此决定带来的后果是什么。如果你是他们，你最担心出现什么后果？你想要的又是什么？

我们常用威吓或警告的方式来影响别人，告诉他们如果不按照我们的希望去做决定，将会出现什么后果。其实，表示愿意做某事往往更有效。你应该重视两个方面：既要让对方明白，如果他们按照你的希望做决定，将会出现什么结果，又要站在他们的立场改进那些结果。怎样能使自己的承诺更加可信？有什么特定的东西是他们所喜欢的？他们是否希望得到一份最终协议？他们是否希望发布通告？什么办法对你来说代价最小而对他们的吸引力最大？

要从对方的角度分析一个选择方案，就想想如果对方采纳此方案，他们可能会受到什么批评。写一两句话，描述一下你希望对方做出的决定，对方对此最厉害的批评可能会是什么。然后写几句对方可能反驳的话，这样的练习可以帮助你理解对方在谈判时受到的制约，创造充分满足对方利益的选择方案，这样对方做出的决定就会满足你的利益。

对选择方案的最后一种检验是把方案以"可同意的提议"形式写出来。试着起草一份对方只用回答"可以"就足够切实可行的提议。如果你能这么做，你就减少了你只顾自己的眼前利益而看不到需要满足对方的利益所产生的风险。

在复杂的形势下，创造性的设计是完全必要的。在任何谈判中，它都可以将大门打开，产生一系列令双方满意的可能性协议。因此，先想出多个选择方案，再从中选择；先开动脑筋，再做出决定；寻找共同利益和能够融合的不同利益；尽量让对方做决定变得容易。

第 5 章
坚持使用客观标准

不论你多么理解对方的利益，不论你多么善于调和双方的利益，也不论你多么重视双方目前的关系，你总要面对一个残酷的现实，那就是双方的利益相互冲突。即便讨论实现"双赢"的战略也无法掩盖这一事实。你希望房租再便宜些，房东则希望能提高一些；你希望明天到货，供应商则更愿意下周送货；你当然期望能在看得见风景的大办公室里办公，而你的合伙人也期望如此。这些分歧都是无法掩盖的。

凭意愿决定会付出巨大代价

谈判人员为了解决分歧，通常容易陷入立场上的争执，即讨论他们愿意和不愿意接受的条件。有的谈判者可能会要求调整方案，不愿接受现有条件。有的谈判者可能因为坚持己见而要求对方做出巨大让步："一口价！50美元！"有的谈判者则会做出大方的姿态，期望得到对方的首肯和友谊。无论这场"比赛"比的是谁最固执还是谁最大方，这种谈判过程注重的都是各方愿意接受什么。两种意愿相互作用，这样谈出的结果就好比谈判者生活在荒岛上——没有历史，没有惯例，也没有任何道德标准。

正如第1章提到的，凭个人意愿调和分歧将使你付出巨大代价。如果拿你的意愿与对方的一比高下，这样的谈判既无效率可言又不友善，其结果不是你让步就是对方妥协。不管是选择吃饭的地点、接洽一桩生意还是协商孩子的监护权问题，如果不引入客观标准，就无法达成符合标准的协议。

既然凭个人意愿调和利益冲突要付出如此高的代价，那么解决方案就是，独立于任何个人意愿——根据客观标准来进行谈判。

运用客观标准进行谈判的案例

假设你已经签了一份定好价格的房屋建筑合同。你的房子要求有钢筋混凝土地基，问题在于合同中没有标明地基的深度。承包商建议是两英尺[①]，而你认为这种房子的地基要五英尺才接近

---
① 1英尺约为0.3米。——编者注

正常标准。

假设承包商现在说:"我答应了你提的房顶用钢梁的要求,该你同意我的浅地基要求了。"这是任何一个思维正常的房主都不会答应的。与其精明地进行讨价还价,你不如坚持用客观的安全标准解决问题。"这么说吧,可能是我弄错了,也许两英尺就足够了。我只是希望地基的坚固性和深度能保证这栋楼的安全。政府对在这种土质上建房有具体的安全标准吗?附近其他房子的地基有多深?这里发生地震的风险大不大?你说我们在哪里能找到解决这个问题的标准?"

签一份好合同不比打一个牢固的地基容易。客观标准如果完全适用于房主与承包商之间的谈判,为什么就不适用于商品交易、集体谈判、法律纠纷甚至国际谈判呢?比如,为什么不坚持协议价格参照市价、重置成本、折旧账面价值或公开招标价格,而仅凭卖方漫天要价?

总之,这种方法强调的是靠原则而不是靠施压解决问题。你应当把注意力放在问题的是非曲直上,而不是谈判各方的勇气上。只认道理,决不屈服于威胁。

原则谈判能让双方愉快、有效地达成明智的协议。越是用公平原则、效率原则或科学标准解决具体问题,就越有可能最终达成明智而公平的一揽子协议。你和对方越重视先例以及社会惯例,就越有可能从以往的经验中获益。一份有先例可循的协议是不易受到攻击的。如果一份租约使用的是标准条款，或一份销售合同符合本行业惯例，谈判双方就不至于感觉受到不公正对待，日后也不会撕毁协议。

不断争夺主导权的谈判会损害双方的关系，而原则谈判则会维护双方的关系。如果双方都用客观标准来解决问题，而不是强迫对方妥协，谈判就变得轻松多了。

在达成协议的过程中，双方做出承诺后又反悔的情况很多。讨论客观标准能减少这种情况的发生。在立场式谈判中，谈判者要花大量时间捍卫自己的立场，攻击对方的立场。使用客观标准的人则能更有效地利用时间，讨论可以采纳的标准和解决方案。

如果谈判涉及多方，客观标准对提高效率就显得更重要了。在这种情况下，进行立场式谈判就变得异常困难，因为它需要谈判各方形成联盟。而采取某一立场的谈判方越多，要改变这一立场就越困难。同样，如果每位谈判者都有委托人或是必须把某一立场提交上级通过，确定和改变立场的工作就变得费时费力。

联合国海洋法会议中的一段插曲说明了使用客观标准的好处。当时，代表第三世界集团的印度提出，对在深海海床采矿的公司，每个采矿点应征收6 000万美元的开发费。美国对此表示反对，认为不应设立开发费。双方各执己见，结果，谈判变成了一场意志的较量。

这时，有人发现，美国麻省理工学院开发了一套深海海床勘探的经济模型。该模型逐渐被谈判各方接受，被认为是客观的，为评估收费提案对勘探经济的影响提供了办法。当印度代表问自己的提案会产生什么影响时，他了解到，如果按照他的提议，在开始赢利前五年要支付如此高额的费用，公司根本不可能进行矿产开发。受此影响，他宣布重新考虑自己的立场。同时，麻省理工学院的这套理论也让美国代表明白，他们对问题的了解一直局限于矿产公司提供的信息。该理论还指出，收取一定的开发费在经济上是合理的。这样，美国代表也改变了自己的立场。

没有人妥协，没有人示弱——有的只是合情合理。经过长时间的谈判，谈判各方达成了一份大家都觉得满意的临时协议。

麻省理工学院的模型增加了达成协议的可能性，减少了会使谈判者付出巨大代价的立场之争。它提供了更好的解决方案，既吸引矿产公司进行矿产开发，又能让世界各国获得可观的收益。这样一套能预测任何提议的后果的客观模型使谈判各方相信，他们达成的临时协议是公正合理的。这也巩固了谈判者之间的关系，使达成永久性协议变得不再困难。

制定客观标准

进行原则谈判存在两个问题，即如何制定客观标准，以及如何在谈判中运用客观标准。

不管你运用什么谈判手段，提前准备都能使你表现出色。原则谈判当然不例外。因此，在谈判前有必要制定若干可供选择的标准，并仔细考虑如何将它们运用到你的谈判中去。

公平标准。一般来说，你会发现，能作为协议基础的客观标准不止一条。假设你的汽车被撞毁，你向保险公司提出理赔申请。在与保险公司理算师商量汽车赔偿额的问题上，你可以考虑用以下标准来衡量汽车的价值：（1）原车成本减去折旧；（2）如果此前卖掉该车，它应值多少钱；（3）《商品现行价格手册》对当年该款汽车的标准估价；（4）更换一辆同档次汽车的费用；（5）法院判定该车的价值。

除此之外，根据不同情况，你建议的协议基础可以是：

市场价值	法庭可能的判定
先例	道德标准
科学判断	公平待遇
行业标准	传统标准
效率	对等
成本	其他

客观标准应不受各方意愿的干扰。为保证协议的公平，客观标准最好既不受任何一方意愿的干扰，又合乎情理和切实可行。例如，在边界谈判中，以河流这样的自然标记为界就比以河岸以

东三码①线为界容易操作得多，也更容易达成协议。

客观标准至少应在理论上对双方都适用。所以，你可以通过运用对等原则判断其是否公正，是否不受各方主观意愿的干扰。如果某房地产代理机构在向你出售房子时提供了一份标准合同书，你最好问问对方，他们在购买房子时是否也使用同样格式的合同书。在国际舞台上，自决原则被一些人滥用。他们一方面坚持这是自己的基本权利，另一方面却不允许对方享有同样的权利。中东、北爱尔兰正是其中的两个实例。

公平程序。为了得到不受意愿干扰的结果，你可以在实质性问题上使用公平标准，或者利用公平程序来解决利益冲突。比如，使用两个孩子分蛋糕的老办法：一个切蛋糕，一个先挑蛋糕。这样，双方都不会抱怨不公平。

这一简单程序在海洋法谈判中得到了运用，而海洋法谈判是有史以来最棘手的谈判之一。谈判中，各方在如何分配深海海床采矿点的问题上陷入僵局。协议草案规定，一半采矿点应由私人公司开发，另一半则由联合国下属的采矿公司开发。由于来自发达国家的私人勘探公司拥有先进的技术和管理经验，可以找到最佳采矿点，因此贫困国家担心，实力不那么雄厚的联合国采矿公司会在这个问题上吃亏。

---

① 1码约为0.9米。——编者注

最后的解决办法是，任何一家要求进行海床勘探的私人公司要向联合国采矿公司提供两处采矿点。联合国采矿公司从中挑选一处自行进行开发，同时发给私人公司另一处采矿点的执照。由于私人公司事先并不知道自己能得到哪一处的采矿权，这会激励它们尽可能让两处采矿点都显得前景可观。这个简单程序利用了私人公司优越的管理技术来为双方共同获益服务。

与"一个切，另一个挑"程序有所不同的是，谈判双方在尚未确定自己的角色之前，先行商量各自心目中的公平方案。比如，在离婚谈判中，在判定父母之中谁拥有对孩子的监护权时，双方不妨先就孩子的探视权问题达成一致。这样，双方都会努力让探视权定得公平合理。

在考虑程序方案时，还可以参考其他解决分歧的基本手段，如排序、抽签、由他人来决定等。

排序通常是继承人分配一大笔共同遗产的最好办法。分割完毕，如果他们愿意，还可以相互进行交换。继承人还可以做出临时性选择，这样就有机会先看看情况再决定是否接受。抽签、掷硬币等其他碰运气的方法都带有一定的公平性，虽然结果也许不平等，但大家的机会都是均等的。

让他人在某项共同决策中发挥关键性作用也是一种由来已久的做法，其形式很多：谈判双方可以把某个问题交由专家决定或征求专家的建议，也可以找一个调停人帮助决策。或者他们可以把问题提交仲裁人，以获得具有权威性及约束力的决定。

比如，职业棒球队就会使用"最后请求仲裁"来解决球员的薪水争议。仲裁人必须从双方的最后报价中选择一个，这种方式的原则是，给当事各方施加压力，让各方的提案更加合理。在棒球队及必须以仲裁形式解决某些政府雇员纠纷的各州，这种方式确实比一般仲裁更有效。谈判破裂通常是谈判双方给仲裁人提供的选择过于极端造成的。

运用客观标准进行谈判

在确定了客观标准以及程序后，你该如何就这些标准与对方进行讨论？应牢记三个基本要点：

（1）双方就每一个问题共同寻求客观标准。
（2）以理服人并乐于接受合理劝说，以确定最合适的标准及其运用方式。
（3）遵从原则，决不屈服于压力。

总之，要坚定灵活地重视客观标准。

双方就每一个问题共同寻求客观标准。如果你正在为了买套房子进行商议，你不妨开门见山地说："瞧，你想要高价，我想要低价，咱们找一个公平的价格如何？有没有最恰当的客观标准？"你和对方的利益也许是相互冲突的，但现在有了一个共同的目标——确定一个公平的价格。你可以先提出自己的标准——去除折旧和通货膨胀因素后的房价，附近同类房屋的近期售价，或者独立估价——然后请卖方提出建议。

你可以问一句："你的根据是什么？"如果卖方首先摆明自己的立场，比如"价格是15.5万美元"，要问他此价格的依据是什么："你怎么得出这个数字的？"看待这个问题时，要表现得似乎卖方也在寻找一个基于客观标准的公平价格。

首先在原则上达成一致。在考虑可能的条款之前，你们可以先就采用的一个或多个标准达成共识。

对方提出的任何标准都可以成为你说服他们的工具。如果你在论证时用的是对方的标准，那就更具说服力，使得对方很难拒绝用他们自己的标准来解决问题。"你说隔壁的琼斯先生把房子卖了16万美元。你的依据是，这套房的卖价应该和附近同类房子的售价一样。我说得对吗？那让我们再看看埃尔斯沃思和牛津拐角的房子，还有百老汇及戴纳地区的房子都能卖多少钱。"在不得不接受他人的提议时，做出让步将变得极为勉强。如果标准本身就是他们提出的，那么他们遵从这个标准不是软弱，而是有实力、说话算话的表现。

以理服人并乐于接受合理劝说。谈判之所以成为双方共同探求的行为，是因为无论事前你准备了多少种不同的客观标准，你都会带着随时准备接受新建议的态度坐到谈判桌前。在多数谈判中，人们只是用先例和其他客观标准作为支持自己立场的根据。比如，某警察协会坚持要求增加一定数额的薪水，其根据便是其他城市警察的薪水额。如此使用客观标准只会使人们更深地陷入立场争执之中。

更有甚者张口就宣布自己的立场是关系到原则问题的，甚至拒绝考虑对方的意见。"这是原则问题"变成有关意识形态的"圣战"的战斗口号。具体纠纷发展成原则分歧，谈判者不但没有摆脱立场之争，反而越陷越深。

这绝不是原则谈判所期望的。主张协议必须基于客观标准并不意味着只坚持你提出的标准，存在一条合理标准并不排除其他标准的存在，你也不一定认可对方所认为的公平。尽管你可能倾向某一方（在此情况下是你自己），但你应该表现得像一名法官，乐于接受其他适用标准或从不同角度审视某一标准。当双方提出不同标准时，寻求做决定的客观基础，比如，哪条标准过去使用过，或者哪条标准适用的范围更广泛。正如实质性问题本身不能依赖主观意愿得到解决一样，选择适用标准同样不能基于主观意愿。

同一问题可能会有两种标准（比如市场价值和折旧成本），

其产生的结果也会不同，但在双方看来似乎是同等合理的。在这种情况下，化解分歧或者在基于两条标准所产生的结果中做出让步都是合乎情理的。这样的结果仍是不受双方意愿影响的。

然而，如果根据问题的实质进行了彻底讨论后，你仍不能接受对方提出的标准是最合适的，那你不妨建议做个检验。找一个双方都认为公正的人，给他看一下建议标准的清单，让他来决定哪个标准最公平或最适用于当前问题。客观标准通常都是合理的，合理意味着能被大多数人接受，所以这么做是公平的。这不是说请第三方来解决你们的实质分歧——只是建议你们用哪一种标准来解决问题。

在适当的原则基础上就解决问题达成一致与仅将原则用作支持自己立场的依据，这二者的区别往往微妙但意义重大。一名讲原则的谈判者愿意就问题的是非曲直听取合理劝说，而立场式谈判者则不会这样。原则谈判能如此有效地说服对方与你合作，是基于你愿意听取合理劝告，同时又坚持依据客观标准解决问题的。

决不屈服于压力。再回到与建筑承包商谈判的案例。假如他提出雇用你姐夫来换取你在地基深度上的让步，你怎么办？你可能会说："给我姐夫一份工作与地基的深度能否保证房屋的安全毫不相干。"要是承包商威胁提高价格怎么办？你同样可以说："我们应该根据实际情况来解决问题，让我们看看其他承包商对同类工作的收费标准吧。"或者说："告诉我你的成本价，我们就能算出一个合理的利润率。"如果承包商说："得了，你还不信任我吗？"你可以回答："信任完全是另一码事。现在的问题是，多深的地基才能保证房屋的安全。"

压力的形式有多种：贿赂、威胁、强迫别人相信或全然拒绝让步。对于这些，原则性回应都是一样的：让对方摆出理由，提出你认为适用的客观标准。除非基于客观标准，否则决不让步。遵从原则，决不屈服于压力。

谁更占据优势？具体情况应当具体分析。但一般来讲，你会占据上风。因为你不仅拥有自己的意志，还具有合理性和说服力，并乐于听取合理建议。与对方拒绝提出客观标准相比，你拒绝做出不合情理的让步更容易。无论是公开场合还是私下里，比起既不妥协又不提出正当理由，只对正当理由做出让步的立场更容易得到捍卫。

你至少会在手段上占上风，你可以变立场式讨价还价为寻求客观标准。从这个意义来说，与立场式讨价还价相比，原则谈判有很高的策略要求。一方以事实为依据进行谈判可以让对方也照样为之，因为这是推动双方获得实际利益的唯一途径。

在实质内容上，你也会做得很好。如果你容易在立场谈判中被对方唬住，原则谈判尤其可以让你既坚持自己的立场又不失公允。原则使你头脑冷静，不会让你在压力面前屈服。这也是"公理即强权"的一种表现形式。

如果对方不妥协，又不能为自己的立场提出任何有说服力的理由，那就没有再谈下去的必要了。这就好比你走进一家商店，看中了一件商品，可上面写着"不讲价"字样。买不买随你，但在你选择离开之前，你应弄清楚自己是否忽略了使商家的定价显得公平合理的客观标准。如果你发现了这样的标准，并愿意以此成交而不是无果而终，你就可以将商品买下来。这一标准的存在避免了你屈服于主观立场所要付出的代价。

假如对方不肯在立场上做任何让步，而你又找不到可以接受它的原则基础，那你应该估计一下，与自己的最佳选择相比，接受对方的不合理条件，你能否有所得。你应该在实际利益和维护你自己身为原则谈判者的名声之间权衡轻重。

在谈判中，将讨论的重心从对方愿意做什么转为应如何解决问题，并不能结束争论，也不能保证有令人满意的结果。但它为你提供了可以采取的有力战术，避免了在立场上讨价还价所要付出的高昂代价。

"这是公司政策"

让我们来看这个真实的例子。一方在立场上讨价还价，另一方则使用了原则谈判。我们的同事汤姆停在路边的小车被一辆翻斗车撞毁。汤姆的车保了全险，但究竟能赔多少，需要他和保险公司的理算师商定。

保险公司的理算师	汤姆
我们研究了你的案子，确定了适用的保险条款，你可以获得 6 600 美元的赔偿金。	这样啊。你们是怎么得出这个数额的？
我们依据的是这辆车被撞前的价值。	明白了，但你们是用什么标准得出这个赔偿额的？你知道我现在得花多少钱才能买一辆同样的车吗？
你想要多少？	我想得到依据保单条款应该得到的数目。我找到一辆类似的二手车，价钱是 7 700 美元，再加上销售税和消费税，大约是 8 000 美元。
8 000 美元！这太多了！	我所要求的不是 8 000 美元、6 000 美元或 10 000 美元这样的具体数额，而是公平的赔偿。你不认为我得到足够的赔偿来换一辆车是公平的吗？
好，给你 7 000 美元，这是我们所能支付的最高赔偿额了，公司有政策规定。	你们公司是怎么算出这个数额的？
你要知道，7 000 美元是你能得到的最高数额了。要不要随你。	7 000 美元也许是公道的，但我不能确定。如果公司的政策束缚了你，我当然可以理解。但除非你客观地告诉我得到这个数额的依据，否则我想在法庭上，我能得到更高的赔偿。我们为什么不研究一下再谈呢？星期三上午 11 点你时间合适吗？
好的，格里菲思先生，我今天在报纸上看到，一辆 1989 年款托罗斯车出价是 6 800 美元。	这样啊，上面有没有提到行车里程？

第 5 章
坚持使用客观标准

103

（续表）

保险公司的理算师	汤姆
4.9万英里。为什么问这个？	因为我的车只跑了2.5万英里，你认为我的车可以升值多少？
让我想想……450美元。	假设6 800美元是合理的，那现在就是7 250美元。广告上提到收音机了吗？
没有。	那你认为一部车载收音机值多少钱？
125美元。	空调呢？
	…………

半个小时后，汤姆拿到了一张8 024美元的支票。

第三部分
但是……

第6章
如果对方实力更强大怎么办？
（确定你的最佳替代方案）

如果对方在谈判中有更强大的讨价还价的立场，谈论利益、选择方案、标准还有什么意义？如果对方有钱有势，如果他们有更强大的阵容或更有威力的武器，你该怎么办呢？

当天平完全倒向对方时，没有一种谈判模式能保证成功。没有一本园艺书能教你怎样在沙漠中种睡莲，如何在沼泽中种仙人掌。如果你走进一家古董店，看中一套乔治四世时代的银质茶具，价值数千美元，而你口袋里只有100美元，那就不要指望任何巧妙的谈判能够消除这一差距。任何谈判都有难以改变的现实。面对强大的对手，最好的谈判结局不外乎实现下面两大目标：第一是保护自己，不至于接受本应拒绝的协议；第二是让你的谈判资源发挥最大效用，使达成的协议能尽量满足你的利益需求。下面，我们将逐一分析这两个目标。

保护自己

当你赶飞机时，目的似乎变得极为重要。但回头想想，自己完全可以乘下一班飞机。谈判往往让你面临相似的处境。比如，你担心不能成交一桩重要的生意，因为你已经为此投入巨资。在这种情况下，一个最大的危险是，面对对方的观点，你可能过于通融——妥协得太快。于是，"让我们一致同意，结束谈判吧"这种非常蛊惑人心的话变得有说服力，你可能就会以签署一份自己本应拒绝的协议结束谈判。

运用底线的代价。为了避免此类结果，谈判者通常会事先设定好一个能接受的最坏结果——他们的"底线"。如果你是买方，底线就是自己愿意支付的最高价；如果你是卖方，底线则是你能够接受的最低价。比如，你和妻子开价20万美元卖掉你们的房子，同时私下商定最低价格不能少于16万美元。

确定底线便于你抵抗压力和一时的诱惑。在卖房的例子中，也许买方确实无法支付高于14.4万美元的价格，大家也都知道你上一年买这栋房子只花了13.5万美元。在这种情况下，只有你能促成买卖，而买方则不能，代理人以及房间里的其他人都会来找你。事先确定好底线也许不会让你做出事后后悔的决定。

当你这边不止一人时，共同的底线有助于保证不会有人向对方暗示你可能愿意接受较低的价格。这样可以限制律师、经纪人或其他代理人的权限。你可能会说:"价钱抬得越高越好,但如果少于 16 万美元,你就无权做主。"如果己方是各报社工会组成的一个松散联盟,对方是出版商的联合阵线,事先确定底线也可以减少风险,以免某家工会被对方的承诺打动而脱离阵线。

但是,确定底线所得到的保护包含高昂的代价。它限制了你在谈判中的应变能力。底线的定义是一个不能改变的立场。从这个意义来说,你已将自己的耳朵捂住。你事先已做决定,无论对方说什么,你都不会动那条底线。

底线也限制了你的想象力,无法激励你创造一个恰到好处的解决方案,以对双方都更有利的方式调和利益分歧。几乎所有谈判都有不止一个变量。比如,你可以将房子以 13.5 万美元的价格出手,但条件是,不得转卖,推迟过户,保留两年的仓库使用权,有权买回两英亩[①]的草场。这也许比卖 16 万美元对你更有利。如果坚持底线不放,你就无法想出如此灵活的方案。由于底线本身的严格性,它通常会导致过于僵化。

另外,底线容易定得过高。假设你和家人在吃早餐时一起商量房子的最低卖价。一人建议 10 万美元,另一人回应道:"我们至少应得到 14 万美元。"第三位插话说:"14 万美元就买走我们的房子?那我们卖得也太便宜了!我看至少值 20 万美元。"房价

---

① 1 英亩约为 4 046.86 平方米。——编者注

抬得越高，大家获利就越多，因此谁会提出反对意见呢？一旦决定之后，这样的底线就很难再有所改动，你的房子也就很难出手了。另一种情况是，底线有可能定得太低。与其以如此低的价格出售房子，你还不如租出去，这样更划算。

总之，确定底线虽然让你避免了接受一份非常糟的协议，但也阻碍了你设计出更富新意的解决方案，妨碍你接受明智的解决方案。随心所欲选择的数字在你决定应该接受何种条件时不足为凭。

除了底线，是否还有替代方案？是否有什么衡量标准能防止你接受不该接受的协议，又不至于拒绝不该拒绝的？答案是的确有。

对自己的最佳替代方案做到心中有数。当一家人商量房子的最低卖价时，他们应当问的问题不是"应得"多少，而是假如在一定的时间内卖不掉房子，那该怎么办。是一直等下去、租出去、拆掉改建成停车场，还是如果有人愿意重新粉刷房子，就让他免费住下去？或者有别的什么办法吗？考虑到各种因素，哪个替代方案最具吸引力？替代方案同房子卖个好价钱相比，哪个更可取？也许，某个替代方案比 16 万美元卖掉房子更有吸引力。此外，以 12.4 万美元卖出去总比无限期地等着别人来买更好。可以肯定的是，任何一条随意想出的底线都不能真实地反映全家人的利益。

之所以要谈判，就是为了获得更好的结果。那么这些结果是什么？这个替代方案是什么？你的最佳替代方案——谈判协议的最佳替代方案又是什么？那就是衡量一切拟订协议的标准，它能阻止你接受对你十分不利的协议，又不至于让你拒绝不该拒绝的协议。

你的最佳替代方案不仅是一个行之有效的评判标准，而且能使你有足够的灵活性，找到富有新意的解决方案。与其把所有不符合底线的方案拒于门外，你不如把某一建议与自己的最佳替代方案做比较，看它能否更好地满足自己的利益。

缺乏最佳替代方案的风险。 如果你还没有认真考虑协议失败后的措施，那你就等于是毫无目的地在谈判。比如，你可能会显得过于乐观，认为自己还有许多别的选择：还可以买别人要出售的房子，有其他买主对你的二手车感兴趣，用别的水暖工，可以找到其他工作，有其他的批发商等。即使你已经选定了替代方案，你可能仍对协议失败的后果过于乐观。相信你不会愿意看到法律诉讼、离婚纠纷、罢工、军备竞赛以及战争所带来的巨大痛苦。

人们常犯的错误是，在心理上倾向于从总量来看替代方案。你可能会对自己说，如果在这份工作的薪水上无法达成协议，你总能够去加州、去南方或者回学校，要不就写作、去农场干活儿、去巴黎生活或者做其他事情。在你头脑里，你会觉得这些替代方案比做一份具体工作、赚一份固定薪水更有吸引力。但是问题在于，你不能同时拥有所有的选择。如果无法达成协议，你只能从中选择一个替代方案。

但在大多数情况下，更大的风险在于你太想达成协议。由于没有确定任何替代方案，你自然对谈判破裂可能产生的后果感到过于悲观。

尽管你明白最佳替代方案的价值，但你对发掘替代方案仍犹豫不决。你希望眼下这个买主或者下一个买主能给你出个好价钱，却不去考虑买卖做不成的话该怎么办。你会在心里说："我们先谈着，看看有什么结果。如果问题解决不了，我再考虑该怎么办。"但如果你期望明智地进行谈判，你至少应该有一个初步的想法，这是极其重要的。谈判是否达成协议，完全取决于最佳替代方案对你的吸引力。

制定一条警戒线。虽然你的最佳替代方案是衡量一切拟订协议的可靠标准，但是你还需要另外的衡量标准。如果可能达成的协议在内容上会有令人极不满意的地方，那么确定一份虽不理想但比最佳替代方案更好接受的协议会帮助你及早发现问题。在接受任何超出此警戒线的协议之前，你应该停下来，重新审视一下形势。和底线一样，警戒线也能限制代理人的权限。"若卖价低于15.8万美元，必须同我商量。这是我本金加利息付出的价钱。"

警戒线应给你留有余地。如果到了警戒线预定的标准，你决定使用调解人，你就给他留了调解的余地。你自己也仍然有活动的空间。

发挥谈判资源的最大效用

防止自己接受一份不满意的协议是一回事,发挥谈判资源的最大效用,以期获得一份满意的协议则是另一回事。那么究竟应该怎样做呢?答案仍然在你的最佳替代方案中。

你的最佳替代方案越理想,你的谈判实力就越强。人们认为,谈判实力是由财产、政治后台、体力、朋友、军事力量等决定的。事实上,谈判双方的相对实力主要取决于各方能在多大程度上承受谈判破裂的后果。

试想一位有钱的游客看中了孟买火车站一个小贩兜售的小铜壶,想以低价买走。小贩虽然很穷,但可能对市场行情了如指掌。他知道如果这位游客不买,他可以卖给其他游客。依他的经验,他能判断自己何时能以多少价钱将这只小铜壶出手。游客可能很有钱,而且"有实力",但他在谈这笔买卖时是个弱者,因为他不知道铜壶的成本是多少,以及哪里能找到类似的铜壶。几乎可以肯定的是,他要么与这只铜壶失之交臂,要么付高价买下来。游客的富有丝毫没有增强他的谈判实力,显然还削弱了他以低价购买铜壶的能力。为了把他的财富变成谈判实力,该游客必须了解在别的地方购买类似的或更好看的铜壶所需的价钱。

如果你去应聘,手头又没有其他工作机会——有的只是一些不确定的信息,想想你的心情会如何!想一下,关于薪水的谈判将如何进行?试比较一下,假如你应聘时手头还有另两份工作供你选择,你这时的心情又会是怎样的,有关薪水的谈判将如何进行?差异就在于实力的不同。

个人间的谈判是这样,团体间的谈判也是如此。一家大工厂与一个小镇就是否应提高工厂税费的问题进行谈判,双方的谈判实力并不取决于它们各自的财力、政治权势,而是双方的最佳替代方案。一次,一个小镇与一家公司谈判,这家公司在紧挨着小镇的地方有一座工厂。结果,公司每年向小镇交纳的"赞助费"由30万美元升至230万美元。这是如何做到的呢?

小镇当局非常清楚,一旦协议不成,它将采取的措施是:扩大边界,把工厂划进来,进而征收100%的住宅税,一年约为250万美元。公司肯定是要保住工厂的,它除了与小镇达成协议,别无选择。乍看起来,公司的实力似乎更强,它为小镇提供了几乎所有的工作机会,而小镇正处于经济困难时期,工厂关门或者迁址都可以完全毁掉整个镇子。公司目前纳的税支付着小镇领导的工资,现在这些领导要求得到更多。但这些资源由于没有转化为最佳替代方案,所以没有起什么作用。小镇因为有吸引人的最佳替代方案,所以有能力左右与世界最大公司之一的谈判。

制订你的最佳替代方案。积极寻找谈判破裂后自己所面临的选择,可以大大增强你的谈判实力。好的选择方案不会摆在那里等着你去拿,你必须自己去寻找。拿出最佳替代方案需要三个步骤:第一,提出如果不能达成协议自己所要采取的措施;第二,完善其中最有希望的想法,并把它们转化成具体的替代方案;第三,初步选定看上去最好的替代方案。

第一步是提出措施。比如,甲公司到月底前还不能给你一份满意的工作,你会做些什么呢?去乙公司工作?去别的城市找工作?还是自己当老板?是否还有其他措施?对工会而言,谈判协议的其他替代方案包括组织一场罢工、撕毁合同并给对方60天的罢工警告、要求请调解人调解、号召工会成员"怠工"等。

第二步是完善你的最佳想法,把最有希望的想法转化为具体的替代方案。如果你想在芝加哥工作,你就应努力把这一想法付诸实施,在那里找到哪怕是一个工作机会。手头有了芝加哥的工作机会(即使发现自己无法在那儿找到工作),你已有了较多的准备,可以更好地分析纽约的工作机会的利弊。工会应该在谈判的同时,把寻求调解和罢工的想法变为随时可以实施的具体行动方案。比如,工会可以投票表决,授权在合同期满后仍未达成协议的情况下举行罢工。

制订最佳替代方案的最后一步是选出最佳方案。如果谈判破裂，你准备采用哪个现实可行的替代方案？

通过以上努力，你有了一个最佳替代方案。你可以把对方的每一个条件同它进行比较。你的最佳替代方案越理想，你就越有能力让协议对自己有利。对谈判不成功做好充分的准备，你就能在谈判中信心倍增。知道自己下一步的措施，中止谈判就会容易得多。你越是不担心谈判破裂，就越有能力捍卫自己的利益，并有力地陈述达成协议的依据。

是否该把你的最佳替代方案透露给对方取决于你对对方想法的分析。如果你的最佳替代方案非常有吸引力（比如还有一位顾客在隔壁等着你），让对方知道这一点就对你有利。如果对方认为你没有好的替代方案，而事实上你有，你当然应该让他们知道。但是，如果你的最佳替代方案不如对方想象的那么好，那么向对方透露只会削弱而不会增强你的实力。

考虑对方的最佳替代方案。同样，你应该想想对方的最佳替代方案。他们可能会对谈判破裂后自己的选择过于乐观。他们模糊地认为自己有大量的替代方案，并受到这些想法的影响。

对另一方的替代方案了解得越多，你对谈判的准备就越充分。掌握了对方的替代方案，你就可以实事求是地估计自己对谈判的期望。如果对方高估了自己的最佳替代方案，那就设法降低他们的期望值。

对方的最佳替代方案也许比你想到的任何公正的解决办法都对他们更有利。假设你们是一个社区团体，担心附近在建的发电厂日后可能会排放有毒的废气。而电力公司的最佳替代方案是不理睬你们的抗议，或者任凭你们说你们的，它只管把发电厂建起来。要让电力公司重视你们的担心，你们可能只有靠起诉来吊销它的建设许可证。换句话说，如果对方认为自己的最佳替代方案无可挑剔，因而不觉得有必要就事实进行谈判，你就要想办法改变他们的方案。

如果两边的最佳替代方案都对自己有利，那么对双方来说，最佳谈判结果就是不达成协议。在这种情况下，成功的谈判便是使双方愉快而迅速地发现，最好的办法就是各自通过其他途径来满足自己的利益，而不用再寻求达成协议。

当对方实力强大时

如果对方拥有重型武器，那你肯定不希望把谈判变成一场枪战。对方越是在经济实力或身体素质上比你强，你就越能依据原则谈判获益。对方有强健的肌肉，而你有原则，所以你只要能充分讲理就能获得理想的结果。

拥有一个理想的最佳替代方案能帮助你进行原则谈判。通过制订和完善自己的最佳替代方案，你可以把自己的资源转化为强大的谈判实力。运用自己的知识、时间、财产、朋友、关系及智慧，设计出一套不受对方同意与否影响的最佳解决方案。你越是能够轻松愉快地离开谈判桌，就越能左右谈判的结果。

所以说，制订你的最佳替代方案不仅能够帮你确定你所能接受协议的最少条件，还有望增加这些条件。你的最佳替代方案是你面对看似强大的谈判者所能采取的最有效的措施。

第7章
如果对方不合作怎么办？
(使用谈判柔术)

双方就利益、选择方案及客观标准进行探讨也许是明智、有效而愉快的。但如果对方不合作怎么办？当你想讨论利益时，对方却直截了当地表明了自己的立场。你期望签订一份能给双方带来最大利益的协议，而对方却一味攻击你的建议，一心只考虑最大限度地满足自己的利益。你就问题本身进行抨击，而对方却对你进行人身攻击。怎样才能让对方从立场争执转到摆事实、讲道理上来？

让对方注重事情本身的是非曲直，有三个基本策略。第一个策略基于你能做什么。你自己可以注重原则而不是立场。遵循原则而非立场是本书的主题，这种方法极具感染力，它向那些着重讨论利益、选择方案和客观标准的人展现了成功的前景。事实上，你只要开始使用新手段，就能改变原有的立场之争。

如果这种方法不奏效，对方继续在立场上讨价还价，那你可以采用第二个策略，它关注的是对方能做什么。这种方法通过把对方的注意力转移到实际问题上来，阻止对方陷入立场之争，我们把这一战术称为"谈判柔术"。

第三个策略关注的是第三方能做什么。如果原则谈判和谈判柔术都不能改变对方的谈判方式，那就考虑让受过专门培训的第三方介入，靠第三方的帮助把争执双方讨论的重点限定在利益、选择方案和客观标准上。第三方可以使用的最有效的工具可能是独立调解程序。

前文已经讨论过第一种方法（原则谈判）了。本章将介绍谈判柔术和独立调解程序两种方法。本章结尾是一个房东与房客谈判的实例，详细说明了如何结合原则谈判和谈判柔术劝说不情愿配合的对方与你合作。

谈判柔术

如果对方表明了自己的坚定立场，你可能会加以批评和表示拒绝。如果他们批评你的提议，你会奋起反击，坚持己见。如果对方对你进行人身攻击，你可能会为了保护自己而以牙还牙。总之，如果对方把你逼得很紧，你就可能还以颜色。

然而，如果采取了直接冲突的办法，你就会陷入立场争执之中。拒绝对方的立场只会使他们更加死守立场；捍卫自己的提议只会使自己固执己见；替自己辩护只会把谈判引向人身攻击的歧途。你会发现自己已经陷入了攻击与辩解的恶性循环之中，在毫无结果的唇枪舌剑里浪费了大量的时间和精力。

如果回击不奏效，还有什么方法能起作用？如何避免陷入攻击和辩解的恶性循环中？答案是不要回击。假如对方直截了当地表明自己的立场，不要拒绝；当对方反驳你的观点时，不要辩解；如果对方对你进行人身攻击，不要反唇相讥。用不反击的方法打破这种恶性循环。躲开对方的攻击，并使其直指问题本身。好比东方武术中的柔道和柔术一样，避免与对方直接抗衡，运用躲闪技巧，借助对方的力量达到自己的目的。不要对抗对方的力量，相反，要把对方的力量引导到探讨双方利益、制订使双方共同受益的选择方案和寻求客观标准上来。

但在实践中如何运用"谈判柔术"？如何避开对方的攻击并使其针对问题本身？

一般来说，对方的"攻击"包括三种手段：直截了当地表明自己的立场；反驳你的观点；对你进行人身攻击。下面，我们看看一名原则谈判者是如何应对这些攻击的。

不要攻击对方的立场，而是透过立场看利益。在对方表明自己的立场时，既不接受也不拒绝，而是把对方的立场当作一种可能的选择，寻找立场背后的利益，找到其遵循的原则，并考虑改进的方法。

假如你代表正在举行罢工的教师协会与校董事会进行谈判，要求增加工资，反对把资历深浅作为解聘教师的唯一标准。学校董事会主张，将薪水普遍提高2 000美元，但保留单方面解聘教师的权利。你应该分析潜藏在这一立场背后的利益。"如果薪水增加幅度超过2 000美元，对校方财务预算平衡有何影响？""为什么校方对解聘教师要有完全的控制权？"

假设对方采取的所有立场都切实考虑了双方的基本利益，问一问他们打算如何处理眼下的问题。把他们的立场视为一个选择方案，客观地分析它在多大程度上能满足双方的利益，或者怎样将其加以完善以满足各方的利益。"全面加薪2 000美元能否保证本校的工资水平与当地其他学校相比具有竞争力，从而保证学生拥有高质量的教师？""怎样让教师们认为校方的解聘评估程序是公正的？我们相信您本人是公正的，但如果您离开了学校呢？我们怎么能把自己的生计问题和家人的幸福托付给一个随意的决定呢？"

应该寻找并讨论对方立场背后的原则。"为什么说2 000美元是合理的薪水增幅？是根据其他学校的工资标准还是根据具有同等资历教师的收入？""你们认为谁应先遭到解聘，是本镇经验最少的教师，还是经验最丰富因而工资水平最高的教师？"

要让对方注意改进手头的方案,你可以和对方讨论假设接受对方的某个立场会出现什么情况。1970 年,一位美国律师就阿以冲突问题采访了当时的埃及总统纳赛尔。他问纳赛尔:"你希望梅厄夫人怎么做?"

纳赛尔回答说:"撤走!"

"撤走?"律师问道。

"是的,从阿拉伯每一寸领土上撤走!"

"没有任何条件吗?从你这里什么也得不到?"律师用怀疑的口气问纳赛尔。

"什么也没有!因为这是我们的领土,她必须承诺撤走。"纳赛尔答道。

律师又问:"如果梅厄夫人明天早晨在以色列广播和电视上宣布:'我谨代表以色列人民,在此承诺撤出自 1967 年以来我们占领的每一寸领土:西奈半岛、加沙地带、约旦河西岸、耶路撒冷及戈兰高地。而且,我希望全国人民知道,我本人没有向阿拉伯人要求任何条件。'这会给她带来什么后果?"

纳赛尔忍不住大笑道:"她在国内就该有大麻烦了!"

纳赛尔开始意识到埃及向以色列提出了一个非常不现实的选择方案。因此他后来宣布同意接受停火,结束了这场消耗战。

不要替自己的想法辩护,欢迎批评和建议。人们把谈判的大部分时间都花在相互指责上。与其拒绝对方的批评,不如对此持欢迎态度。我们不应要求对方接受或放弃某个观点，而应问对方这个观点是否有什么不妥。"这个加薪建议是否有考虑不周的地方？"分析对方的否定态度，发现其中潜在的利益，并站在他们的角度改进自己的想法。根据你从对方那里了解的情况重新制订自己的方案，这样，批评就不再是谈判进程中的障碍，而成为达成协议必不可少的因素。"如果我没有理解错，你是说无法给750名教师每人增加的薪水超过2 000美元，但如果我们少雇用一些全职教师，把节省下来的开支作为每月发给在职教师的奖金，这样行不行？"

把批评引向建设性轨道的另一种方法是换位思考，征求对方的意见。问问对方，如果站在你的角度，他们会怎么做。"如果你的工作朝不保夕，你该怎么办？我们协会的成员都感到工作难有保障，而且为工资贬值感到沮丧，正在商量让一个态度更强硬的组织来代表他们。如果你是这个协会的负责人，你会采取什么措施？"这样，你让对方正视问题的一部分，对方因此可能会想出一个考虑了你的利益的解决方案。"有个问题似乎是教师们认为没有人听取他们的意见。那么安排学校董事会定期与教师进行座谈，是否有助于问题的解决？"

变人身攻击为针对问题的批评。当对方对你进行人身攻击时（这是经常发生的），你要克制住为自己辩护或干脆攻击对方的冲动。你应不动声色，让对方把怨气发泄出来。聆听对方的诉说，表现出你愿意尊重他们的意见。等他们诉说完,将对方的注意力从对你的攻击转移到对问题的批评上来。"你说我们罢工是不关心学生的表现,我听出你对学生的教育很重视。你应该明白,这是我们共同关心的:他们是我们的孩子、我们的学生。我们也希望结束罢工,能回去给孩子们上课。我们现在能否共同做些什么以尽快达成协议呢?"

提问并停顿。注重谈判柔术的人会使用两个关键手段。第一个是提问而不是陈述。陈述容易导致对抗,而提问得到的则是回答。提问能让对方把观点说出来,以使你明白。提问能向对方的观点提出挑战,转而使对方面对问题。提问能避免给对方提供攻击的靶子和可以指责的立场。提问不是批评,而是启发。"你认为哪种更好,是让教师参与其中而在决策过程中采取合作态度,还是让教师极力反对任何强加给他们的、没有考虑到他们的利益的决策?"

沉默是你最好的武器,要充分利用它。如果对方提出不合理的方案或采取在你看来站不住脚的攻击,最好的手段是一言不发。

如果他们对你开诚布公的提问未做充分回答,那就等一等。人们总是对沉默感觉不舒服,尤其在对自己阐述的理由有疑问时更是如此。比如,一位教师代表问:"教师为什么不能在解聘政策上有发言权?"学校董事会主席可能会觉得不知所措:"解聘纯属行政事务……哦,教师们当然关心下岗政策,但他们并不能判断谁是一名合格的教师……哦,我是说……"

沉默往往给人一种僵持不下的印象,对方为了打破僵局,不得不回答你的问题或者提出新的建议。因此在你提问之后,先停顿一下。这就是谈判柔术的第二个关键手段。不要急于提出新问题或发表自己的评论,给对方逃避尖锐问题的机会。有时,最有效的谈判是在你没有开口时发生的。

考虑使用独立调解程序

如果单凭自己的努力无法使对方从立场争执转向原则谈判,你很可能会求助于第三方。你面临的问题可以用下面的简单例子加以说明,这是一对夫妻关于新建房屋的谈判。

妻子想盖一栋带烟囱和凸窗的两层小楼。丈夫想盖的却是现代农场式的建筑,要有小书房和大车库。在协商过程中,双方都问了对方大量问题,比如:"你想要什么样的客厅?""你是否一定要坚持自己的想法?"通过回答这样的问题,双方越来越坚持自己的计划。二人都各自请建筑师先绘制草图再提出详尽方案,这下双方就更加固执己见了。妻子要求丈夫具备灵活性,于是,丈夫同意把车库的长度减少一英尺。丈夫则坚持让妻子也做些让步,于是,妻子同意放弃她一直想要的后院走廊,但实际上,走廊并没有出现在她的图纸中。双方都极力推崇自己的设计,千方百计地批评对方的设计。结果,双方感情受到伤害,沟通出现困难。他们都不想再做让步,因为这只会使对方得寸进尺。

这是一个在立场上讨价还价的典型事例。如果双方不能通过摆事实、讲道理来解决问题,那么第三方的介入便是必不可少的。身为局外人,调解人更容易将人与事分开,直接讨论双方的利益和选择。不仅如此,调解人还能为解决分歧提供公正的基础。同样,第三方可以把提出方案和做决定分开,减少为达成协议所需做出的决定,使双方明白,做出决定后会有什么结果。为第三方完成上述任务所设计的一种程序称为独立调解程序。

妻子和丈夫在住房设计的协商中请来独立的建筑师,向他展示了表明夫妻二人各自立场的最新设计图。不是所有的第三方都能表现得明智。比如,有的建筑师可能要求双方阐明各自的观点,强迫双方做出一系列让步,使夫妻二人在感情上更加固守自己的立场。但使用独立调解程序的建筑师就不会这么做。他询问的不是双方的立场,而是各自的利益:不是问妻子期望的凸窗多大,而是问她为什么需要这样的窗户。"是为了早晨的阳光还是下午的阳光?是为了朝外看,还是向里看?"他转过来问丈夫:"你为什么需要大车库?你想要储存什么?你打算在小书房里做什么?看书,看电视,跟朋友聚会?你会在什么时间用书房?白天,周末,还是晚上?"

建筑师明确表示,他并不是要求夫妻双方放弃各自的立场,而是尽可能给双方提供一个可取的建议——能否做到也不好说。眼下他能做的是尽可能了解双方的利益和需求。

不久,建筑师拿出一份反映夫妻二人利益和需求的清单("清晨的阳光、宽敞的壁炉、舒适的阅读环境、工作室、能放中型汽车和除雪机的车库"等)。他请夫妻双方依次对清单提出批评和改进意见。让双方做出让步很难,但对建筑师的方案提出批评则很容易。

几天以后,建筑师又拿出一份草图,说:"我个人对这份设计图并不满意。但在修改之前,我想听听你们的批评意见。"丈夫可能会说:"还有什么问题吗?哦,浴室离卧室太远了,书房的面积还不够大,我的书可能放不下。留宿的客人睡在哪里呢?"妻子自然也会发表她的批评意见。

不久,建筑师又带来了第二份草图,再次征求批评意见。"我已想办法解决了浴室、书房的问题,而且考虑把书房设计成备用卧室,你们觉得可行吗?"由于方案已趋成形,夫妻二人只对各自认为最重要的地方提出了意见,并未在细枝末节上挑刺。似乎不需要做任何让步,妻子会尽力确保建筑师完全理解她的主要需求,丈夫也是如此。草图的设计没有以包括建筑师在内的任何人的自我为中心。在财力允许的范围内尽可能协调好双方的利益是与做决定本身分开的,因而大家不必担心决定过于草率。丈夫和妻子不必放弃各自的立场，至少在表面上，他们现在可以坐在一起，共同评论设计图纸，帮助建筑师拿出最后的设计方案。

就这样，第三份、第四份、第五份设计图出来了。最后，当建筑师觉得再也没什么可修改的地方时，他说："这是我能拿出的最好方案了。我已尽了最大努力来调和你们各自的利益。我采用了标准的建筑和工程解决办法、先例，以及我能提供的最可靠的专业判断来解决许多问题。看，就是这份设计图，我建议你们接受。"

夫妻俩现在只面对一个决定："接受"还是"不接受"。一旦做出决定，他们都清楚自己将得到什么。一方表示同意，也会使另一方欣然接受。独立调解程序不仅避免了在立场上讨价还价，还大大简化了制订选择方案和共同做决定的程序。

在其他谈判中，谁能扮演建筑师的角色呢？你可以邀请第三方进行调解。或者，在涉及多方的谈判中，第三方自然可以是谈判的参与者，其更关心的是协议的生效，而不是协议本身的具体条款。

在许多谈判中，调解人也许就是你自己。比如，你是一家塑料厂的销售代表，正与一个生产塑料瓶的客户谈一大宗买卖。客户需要一种特制的塑料，但你代表的工厂不太愿意专门为此更改工艺。实际上，你的佣金主要取决于客户和生产商之间能否达成协议，而不在于协议的具体内容。再比如，你是一名参议员的助理，你更关心某笔拨款的提案能否通过，并不太在意拨款具体数额究竟是1 000万美元还是1 100万美元。或者你是一名经理，你的两位下属对行动计划持有不同看法，要你从中决定。你更关心的是做出让双方都能接受的决定，而不是具体选择哪个方案。在上述例子中，虽然你也是谈判的主要参与方，但是对你最有利的还是充当一名调解人，使用独立调解程序来调解你自己面临的纠纷。

使用独立调解程序最著名的例子是美国于1978年9月在戴维营对埃以冲突进行的斡旋。在听取了双方意见之后，美方准备了一份草案，不要求双方对此表态，只是征求批评意见，并反复修改草案，直到调解人认为眼前的草案已无处可改为止。经过13天的讨论，先后23次对草案进行修改，美国拿出了最后的协议文本准备推荐。当卡特总统正式向双方推荐时，以色列和埃及终于接受了。独立调解程序作为一种机制，在限制决定数量、减少每个决定的不确定性和防止谈判各方固守自己的立场方面十分有效。

独立调解程序对有第三方介入的双边谈判大有帮助，而对于多边谈判几乎是不可或缺的。例如，150个国家无法就150个方案进行建设性讨论，当然也不可能轻易做到相互让步。各国代表需要某种方式来简化做决定的过程，而独立调解程序可以达到这个目的。

使用独立调解程序不必等到各方都同意。你只需要准备一份草案，然后征求各方的批评意见。同样，你只要开始使用新方法就能改变原有的立场之争。即使对方不愿意直接与你交谈（或者你不愿意与他们直接交谈），第三方也可以拿着草案在你们中间斡旋。

让对方与你合作：琼斯房地产公司与弗兰克·特恩布尔的谈判实例

下面是一个房东与房客之间的谈判实例，它能帮助你体会，如何与不愿意进行原则谈判的人打交道。这个谈判实例说明，通过使用新办法来改变原有的立场之争意味着什么。

背景简述。弗兰克·特恩布尔在3月以月租600美元从琼斯房地产公司租了一套公寓。到7月，当他和室友保罗准备搬走时，特恩布尔才知道公寓租金是受政府管制的。根据规定，这种公寓的最高月租金应为466美元，比他已付的低134美元。

特恩布尔觉得自己被宰了，为此十分恼火。于是，他打电话给琼斯公司的琼斯太太讨论此事。起初，琼斯太太摆出一副爱搭不理的样子，而且充满敌意。她声称自己没有错，并指责特恩布尔不但不知感激，反而想勒索她。但是，经过几次谈判，琼斯太太答应补偿特恩布尔及其室友的损失,最后的态度也变得友好而带有歉意。

自始至终,特恩布尔使用的都是原则谈判法。以下摘录的是谈判中的对话。每段对话之前有一行黑体字,是原则谈判者在类似情况下会使用的语言。对话之后是对其背后的理论及其影响的分析。

"如果我错了,请您纠正我。"

特恩布尔：琼斯太太,我刚听说——如果我错了,请您纠正我——我们公寓的租金是受政府管制的。按规定,这套公寓的最高月租金是466美元。这是真的吗?

分析：原则谈判的实质是,对客观事实和原则持开放的态度。特恩布尔小心翼翼地向琼斯太太求证客观事实的正确性,因而使对话从一开始就建立在理性的基础上。特恩布尔邀请琼斯太太参与对话,一方面请她证实所述事实,另一方面,如果事实有出入,则请她加以纠正。这使得两人成为努力弄清事实的合作者,对抗因此被化解。如果特恩布尔以断言的口吻得理不饶人,琼斯太太就会感觉受到威胁而采取抵御的态度,她也许会否认这些事实。这样,谈判一开始就不会是建设性的。

假如特恩布尔真的弄错了,那么事先打招呼请对方指正会让人更容易接受。如果只是跟琼斯太太说事实就是事实,结果却发现自己错了,那样会很没面子。尤其糟糕的是,琼斯太太会因此愈加怀疑特恩布尔所说的一切,进而增加谈判的难度。

乐于接受别人的指正和劝说,是原则谈判的战略支柱。只有乐于听取对方的建议,才能说服对方以同样的态度接受你提出的原则和客观事实。

"感谢您为我们所做的一切。"

特恩布尔: 保罗和我非常感谢您把公寓租给我们。您为我们花费了时间和精力,我们一直念念不忘。

分析: 给对方个人肯定,是把人和事分开——把人际问题和实质性问题分开——的关键。通过对琼斯太太表达感谢,特恩布尔实际上在说:"我们并不是要和您个人过不去,我们认为您为人慷慨大方。"特恩布尔把自己放在琼斯太太一边,消除了她对自我形象受到损害的担心。

不仅如此,给予对方称赞和支持,表示对方有资格继续得到这些赞美。受到特恩布尔的称赞,琼斯太太开始在情感上有点儿偏向特恩布尔对自己的肯定,现在她有可能失去对方的肯定,因而更愿意谋求和解。

"我们关注的是公平。"

特恩布尔: 我们想知道的是,我们是否多付了房租。如果您能说服我们,我们所付的租金在当时是公道的,我们就算吃了,会马上搬出去的。

分析: 特恩布尔根据原则说话,并申明他要坚持原则,只有原则才能说服他。同时,他让琼斯太太明白,他愿意接受依据原则的劝说。这样,琼斯太太就没有多少选择余地,她只能通过摆事实、讲道理来寻求她的利益。

特恩布尔不是由于他的实力而采取公正的原则立场。不但特恩布尔的目标建立在原则的基础之上,他使用的手段也有原则。他申明自己的目的是,付出的房租和租期应保持公正的平衡。如果琼斯太太能说服他,他已付的租金与实际租期相符,他会马上搬走。但如果房租收多了,唯一公正的解决办法是让他住下去,直到租金与租期扯平为止。

> "我们希望依据独立的客观标准解决问题,
> 而不受人为因素的影响。"

琼斯太太: 你跟我讲公平,我觉得很可笑,因为实际上你和保罗只是想要钱罢了。并且,你们想利用仍住在公寓里这个条件从我这里得到钱。这实在令我生气,要是按我的想法,我今天就把你们赶出去。

特恩布尔(强忍住不发火): 我可能没有说清楚。如果我和保罗能拿到退款,那当然好。当然,我们也可以赖在公寓不走,直到您把我们赶走为止。可是问题不在这里,琼斯太太。

比弄到一些钱更重要的是,我们得受到公平对待。没有人喜欢被骗的感觉。如果我们把问题当作实力的较量,并且谁都不让步,那就只有法庭上见了。那样势必会浪费很多时间和金钱,彼此都伤透脑筋,谁希望这样呢?

琼斯太太,我们希望根据一个公平的原则解决问题,而不是看谁更有能耐。

分析: 琼斯太太对原则谈判的想法提出了挑战,认为它是文字游戏。她认为这是一场意志的较量,而她的意志是今天把特恩布尔和他的室友赶出去。

这时特恩布尔几乎不能控制自己——也差不多快失去对谈判的控制。他很想回击:"我看你怎么把我们轰出去!咱们法庭上见!我要让你的租赁执照被吊销!"谈判将自此破裂,特恩布尔也会因此损失很多钱、时间,以及内心的平静。但他忍住了,并重新把谈判带回到原则上来。这是谈判柔术的一个范例。他承担起使琼斯太太产生误会的责任,借以转移对方的攻击,并努力劝说对方相信他坚持原则。他既未掩饰自己的个人利益,又未掩盖他所占的优势。相反,他讲明了这两点。一旦这些被接受,他就可以将它们与是非曲直分开,使其不再是一个问题。

特恩布尔还告诉琼斯太太,原则谈判是他处世的基本信条和一贯作风,想借此增加原则谈判的分量。他不唱高调(这样往往遭人反感），只是从自身利益出发。

"信任与否是另一个问题。"

琼斯太太：你还不信任我吗？毕竟我帮过你许多忙。

特恩布尔：琼斯太太，我们非常感谢您为我们所做的一切，但这里不存在信任的问题，我们要谈的是原则问题：我们是否多付了房租？要解决这个问题，您认为我们应考虑哪些因素？

分析：琼斯太太企图把特恩布尔逼进死胡同：特恩布尔要么抓住问题不放而显出对琼斯太太的不信任，要么由于信任而做出让步。然而，特恩布尔再度对她表示感谢，并说明眼下的问题与信任无关。这样，他避免了使自己陷入困境。特恩布尔重申他的感激之情时，依然坚守自己的原则。此外，他不是简单地回避信任问题，而是主动把话题转移到原则上，并询问琼斯太太哪些因素应在考虑之列。

　　特恩布尔坚持原则，却不责备琼斯太太，他始终没有指责她不诚实。他没有问："你是不是占了我们的便宜？"而是客观地询问："我们是不是多付了房租？"他即使不信任对方，也不应该直截了当地告诉对方。否则，对方会因此变得抵触和生气，采取更加僵硬的立场，或者干脆终止谈判。

　　说一些像"这不是一个信任与否的问题"之类的套话是非常有效的，可以帮助你避开类似琼斯太太使用的以信任为借口的计谋。

"我能问您几个问题，
看看我掌握的事实是否正确吗？"

特恩布尔：我能问您几个问题，看看我掌握的事实是否正确吗？公寓的租金是否受政府管制？法定的最高租金是 466 美元吗？保罗曾问我，我们是不是因此而违反了法律规定。保罗签订租约时，有没有人提醒过他，房子是受到政府的租金管制的，以及合约中的租金比法定最高租金高

134 美元？

分析： 陈述事实往往会带有威胁性，因此，尽可能用问题的形式取而代之。

特恩布尔完全可以用另一种口吻申明："法定租金是 466 美元，您违反了法律。更糟糕的是，您使我们在不知情的情况下，也触犯了法律。"他如果这样说，琼斯太太一定会做出强烈反应，把特恩布尔的话当作为了取胜的言辞攻击。

把要说的内容以问题的形式提出来，使琼斯太太也参与其中，听取问题，做出分析，然后接受或纠正这些问题。特恩布尔没有用威胁的口气，却向琼斯太太表达了同样的意思，通过引述自己不在场同伴的话，提出了极其尖锐的问题，进一步减少了威胁的成分。

事实上，特恩布尔诱导琼斯太太一起来参与建立事实基础，为原则谈判铺平了道路。

"请问您的行为依据的是什么原则？"

特恩布尔： 我不明白，您为什么每月要收 600 美元的房租。您收这么多钱的理由是什么呢？

分析： 一名原则谈判者不会简单接受，也不会盲目拒绝对方的立场。为了使对话有据可循，特恩布尔询问琼斯太太采取这一立场的理由。他并没有问对方有没有理由，而是假设对方有充分的理由。这种恭维式的假设促使对方即使没有理由也要找出理由，使谈判保持在原则基础上进行。

"让我看看我是否理解了您的意思。"

特恩布尔： 琼斯太太，让我看看我是否理解了您的意思。如果我没有理解错，您认为我们付的房租是公道的，因为自从上次对房屋进行租金管制评估,您对公寓做了大量的修缮和改进。因为我们只租几个月,所以您觉得不值得去房租管理局申请提高房租,是这样吗?

事实上,您把房子租给我们还是给了保罗一个人情。而现在您担心我们利用您的善良,在搬走之前想要敲诈您一笔。我理解得对不对?

分析: 原则谈判需要有良好的沟通。在回应琼斯太太的争辩之前,特恩布尔从正面的角度重述了他刚才听到的话,以确保他真正理解了对方。琼斯太太一旦认为对方理解她,便会松弛下来,积极地去讨论问题。她无法借口对方没有听她所说而拒绝理睬对方所辩。这时她很可能听进并愿意接受别人的意见。在总结琼斯太太的观点时,特恩布尔建立了双方合作的基础,以确保他理解事情的原委。

"让我们以后再谈。"

特恩布尔: 现在我明白您的想法了,让我回去和室友商量一下,并且向他解释您的想法。我们可否约个时间明天再谈?

分析: 一名优秀的谈判者很少当场做出决定。表示友好和让步的心理压力是巨大的,利用时间和空间的变化可以帮助谈判者把人与事分开。

优秀的谈判者总是有备而来,兜里装着必要时可随时离开的充足理由。这个理由不能显得你被动或者表示你无能为力做出决定。在这里,特恩布尔似乎完全知道自己在做什么,而且正着手准备下一次谈判。他不仅表现得信心十足,而且控制着谈判的进程。

一旦离开谈判桌,特恩布尔就可以分析所得的信息,与自己的"委托人"保罗商量对策,同时思考该做什么样的决定,并确保自己没有任何疏忽。

在谈判桌前坐得太久会消磨对原则谈判的坚持。当特恩布尔带着新方案重新回到谈判桌前时,他可以做到对人温和而对事决不手软。

"让我来告诉您，对于您提出的理由，我有哪些不解。"

特恩布尔： 让我来告诉您，对于您所给的每月多收134美元房租的理由，我有哪些不解。您提出的理由是对公寓做了修缮和改进。根据房租管理局核查员的说法，只有在房屋修缮上花了1.5万美元，才能每月多收134美元房租。您在房屋修缮上花了多少钱？

我必须指出，我和保罗并不认为公寓的维修花了1.5万美元。您答应修补地毯上的窟窿，到现在也没有兑现，客厅地板上的洞也没补好。厕所老是出问题。这些只是我们发现的一部分毛病。

分析： 进行原则谈判时，你应当在拿出任何方案之前说出自己的理由。如果事后提出理由，那只会被认为是为主观立场进行的辩解，而不是适用于任何方案的客观标准。

特恩布尔首先解释他的理由，表明自己愿意接受对方的说理，同时意识到自己有必要说服琼斯太太。如果特恩布尔一开始就提出方案，琼斯太太也许根本就懒得再听后面的理由，心里早就盘算着怎样反驳对方了。

"一个公平的解决方案应该是……"

特恩布尔： 鉴于我们已经讨论了所有的情况，对保罗和我来说，一个公平的解决方案应该是，退还多付的房租。您认为这样公平吗？

分析： 特恩布尔提出的不是他的建议，而是一个值得双方共同考虑的公平的选择方案。他并没有声称这是唯一公平的解决方案，而是说这是公平的解决方案之一。他虽然措辞明确，但并没有使自己陷入一种立场，招致别人的反对。

"如果我们能达成协议……如果我们不能达成协议……"

特恩布尔： 如果我们现在能达成协议，我和保罗可以立即搬出去。如果我们不能达成协议，那么按照房租管理局核查员的说法，我们可以拒付房租而继续住在公寓里，或者诉诸法律，要回我们多付的租金，您需要按三倍的损失赔偿，当然还有诉讼费用。我和保罗都很不情愿采取这两个方案。相信我们能够与您公平地解决这件事，让双方都感到满意。

分析： 特恩布尔正设法为琼斯太太接受自己的方案提供方便。因此，他一开始就讲明这个问题的解决完全取决于琼斯太太接受议和。

  这番话最具技巧性的地方是让对方知道，如果协议不成，双方将面临什么样的替代方案。特恩布尔是如何让对方明白这一点（他希望琼斯太太在做决定的时候对这一点有所考虑）而又不至于让谈判陷入窘境？他以核查员这个合法权威人士的建议作为替代方案的客观标准，使自己与建议分开。他没有表示非要采取行动，相反，他只是说有采取行动的可能，并强调自己不愿意采取过激行动。最后，他确信自己有信心达成双方满意的协议。

  特恩布尔的最佳替代方案可以是既不留在公寓继续住，也不诉诸法律。他和保罗早已租下另一套公寓，本意上很乐意现在就搬出去。打官司也会非常麻烦，因为他们都很忙，即使打赢了，也得不偿失。特恩布尔的最佳替代方案也许就是搬出公寓，也不再把多付的670美元放在心上。由于他的最佳替代方案不如琼斯太太想象的那么有吸引力，所以他并没有透露。

"我们很愿意在您最方便的时候搬出去。"

琼斯太太： 你们打算什么时候搬出去？

特恩布尔： 只要您同意按租期收取适当的房租，我们很愿意在您最方便的时候搬出去。您希望我们何时搬走呢？

分析： 由于意识到有望达成双赢协议，特恩布尔表示愿意就满足琼斯太太利益的方案进行讨论。正如后来所印证的，双方的共同利益是，特恩布尔尽快搬出公寓。

在协议中考虑琼斯太太的利益，不但使她在其中有了更多的利害关系，也为她留了面子。一方面，尽管需要破费，但考虑到接受的是一个公平方案，琼斯太太也会感觉良好。另一方面，她可以说她使房客提早搬出了公寓。

"和您打交道非常愉快。"

特恩布尔：琼斯太太，我和保罗很感谢您为我们所做的一切。我也很高兴能公平圆满地解决最后的问题。

琼斯太太：谢谢，特恩布尔先生，祝你过一个愉快的夏天。

分析： 特恩布尔以一段谢词结束了双方的谈判。由于成功地解决了问题，双方的关系没有受到伤害，因此，没有哪一方会觉得受到欺骗或感到愤怒，也没有哪一方会破坏或不重视协议的履行。双方为将来的合作保持了良好关系。

不论你是像特恩布尔一样使用原则谈判和谈判柔术，还是由第三方通过独立调解程序解决问题，结果都是一样的：即便对方开始不愿意，你也能够让对方与你进行原则谈判。

第8章
如果对方使用卑鄙手段怎么办？
（驯服难对付的谈判者）

原则谈判固然很好，但如果对方存心骗你，或是想把你打个措手不及，你该怎么办？如果对方在你们正要达成协议时又提高要价，你又该怎么办？

人们可以运用种种手段和计谋占你的便宜。每个人都略知一二，例如谎言、心理攻击及其他各种施压手段。这些手段是违法和不道德的，或者是让人感到不快的，其目的都是帮助使用者在非原则意志较量中"赢得"某些实际利益，我们称这种手段为诡计式谈判。

当意识到有人在对自己耍弄伎俩并进行讨价还价时，多数人会有两种反应。第一种属于正常反应，即忍气吞声。搅局毕竟不是件好事。在弄清事实之前，你权且相信对方，或者发顿脾气，决定以后不再跟他们打交道。但现在，你寄希望于最好的结局而保持缄默。多数人是这么做的。他们希望由于自己的让步，对方也会妥协而不再得寸进尺。这种方法有时灵验，但更多的时候不起作用。英国首相张伯伦在1938年面对希特勒的谈判诡计所做的反应便能说明问题。当时张伯伦认为达成协议已不成问题，但希特勒又增加了要求。在慕尼黑，张伯伦为避免战争做出了一系列让步。结果，一年以后，第二次世界大战爆发。

第二种普遍反应是以其人之道还治其人之身。如果对方一开始就漫天要价，你就把价格压得奇低；如果对方骗你，你就以牙还牙；如果他们威胁你，你就以威胁回敬；如果他们固守立场，你则有过之而无不及，表现得更加固执己见。其结果是要么一方退步，要么谈判就此破裂，后一种情况更为常见。

这种伎俩并不可取，因为它不合乎对等原则。这种计谋只由一方设计使用，另一方则被蒙在鼓里，就算知道真相也会忍着。我们在前面讨论过，对于单方面的实质性建议，最有效的回击是，分析建议所依据的原则的合理性。诡计式谈判策略实际就是关于谈判程序的单方面建议，它们关系到谈判各方如何进行谈判游戏。为了应对这样的情况，你应该从谈判程序开始进行原则谈判。

如何商定谈判规则？

当对方使用诡计时，商定谈判规则有三个步骤：发现诡计，揭穿诡计，质疑诡计的合理性与可取性。谈判就围绕这三步展开。

要采取应对措施，你必须先了解情况。要学会识别哪些是欺骗伎俩，哪些是故意让你难受的计谋，哪些会使对方陷入立场之争而不能自拔。通常，诡计一旦被识破，就失去了它应有的效力。比如，对方为了破坏你的判断力，对你进行人身攻击，你看清这一点后，对方的努力也就白费了。

在识破对方的伎俩后，明确地向对方指出："乔，也许是我搞错了，但我看你和特德是一个唱红脸，一个唱白脸，在演戏呀？如果你们需要时间理顺你们之间的分歧，尽管说。"指出对方的伎俩不仅让伎俩本身失效，也让对方担心会惹恼你。对于对方的诡计，一个简单的问题就足以让他们罢手。

然而，揭穿诡计最重要的目的是让你有一个协商游戏规则的机会，这就是第三步。这种协商针对的是程序性问题，而不是实质性问题，其目的仍然是有效、愉快地达成明智的协议（这里是关于程序方面的协议）。总之，使用的方法仍然是一样的。

把人和事分开。不要因为对方使用了某种你认为不正当的手段，就对其进行人身攻击。假如他们产生抵触情绪，他们就更难放弃该手段了。由于心怀不满，对方还会在其他问题上找麻烦。

你应对诡计本身提出疑问，不要怀疑对方的人格。不要说："你故意让我坐在朝阳的位置。"而应直接针对问题："我觉得阳光照得我眼花，分散我的注意力。如果问题还解决不了，我想早点儿离开，回去休息一下。我们能否重新调整一下日程？"改变谈判程序比改变与你打交道的人容易。不要为了教训对方而转移谈判的目的。

着眼于利益，而不是立场。"你为什么要在媒体面前坚持自己的极端立场？你是不是害怕别人的批评？或者是不想改变自己的立场？如果咱们都这么做，这符合我们的共同利益吗？"

为共同利益创造选择方案。建议采用其他方式进行谈判。"在达成协议或谈判破裂之前，我们能否做到都不向媒体发表任何声明？"

坚持使用客观标准。最重要的是遵从原则。"让我坐在低矮的椅子上，背对着大门，这有什么道理吗？"试着使用对等原则。"明天早上你来坐这个位置如何？"把计谋背后的原则视为"游戏规则"。"我们每天轮流往对方身上洒咖啡怎么样？"

你的最后一招是：使用你的最佳替代方案，然后离席而去。"我感觉你对双方认为能达成协议的谈判方式似乎毫无兴趣。这是我的电话号码，如果我说错了，我随时愿意再谈。否则，只有法庭上见了！"如果你有足够的理由离席而去，比如对方在事实和授权问题上故意欺骗你，而他们确实希望达成协议，那么他们完全有可能将你请回谈判桌。

一些常见的诡计策略

诡计策略可以分为三类：故意欺骗、心理战术和在立场上施压。你要准备措施应对这三种策略。下面以常见实例介绍对付各种诡计所适用的原则谈判。

故意欺骗

最常见的卑鄙手段是对事实、权限及意图的歪曲。

虚假事实。最老套的谈判诡计是对事实做明显虚假的陈述："这辆车只行驶了5 000英里，车主是来自帕萨迪纳的老太太。她驾车的时速从来没有超过35英里。"被虚假陈述蒙蔽会带来很大的风险。那么有什么防范措施呢？

把人和事分开。除非有充分的理由，否则不要相信别人。这并不意味着把对方看成骗子，而是说要把谈判与信任问题分开。不要让别人把你的疑虑视为人身攻击。没有谁会仅仅因为你说你在银行有存款，就把汽车或手表卖给你。正如商家按常规要检查你的信用卡一样（"因为周围靠不住的人太多了"），你也可以用同样的方式对待对方所说的话。验证对方凿凿有据的陈词可以遏制其行骗的动机，降低你上当受骗的风险。

模糊的权限。对方要让你相信，他们和你一样，有全权做出让步的决定，而实际上并非如此。在对方尽可能给你施加压力，让你认为可以拍板定夺时，他们却说必须把协议拿给他人批准。这就是所谓让他们"再咬一口苹果"的诡计。

这确实是一个圈套。因为只有你有权做出让步，那么就只有你让步了。

不能只因为对方在和你谈判就认为他们拥有完全授权。一名保险公司的理算师、律师或销售商可能会让你觉得，他们和你具有同样的灵活性。实际上你会发现，被你视为已经达成的协议，在对方眼中只是进一步谈判的基础。

在互相让步之前，首先确定对方的权限。问一句："你在谈判中有多大权力？"这是完全合理的。如果对方含糊其词，那你可能希望与真正管事的人谈判，或表明你这一方保留重新考虑任何提议的同等自由。

如果对方出乎意料地宣布把你认定的协议作为进一步谈判的基础，你要坚持对等原则。"那好，我们可以把这份协议视为双方都没有承诺的草案，你回去和你的老板商量一下，我也把问题留到明天，看是否有需要改动的地方。"或者你可以说："如果你的老板明天同意了这份草案，那我没有其他意见。否则，双方都有权提出修改意见。"

令人怀疑的意图。如果怀疑对方有不遵守协议的意图，你可以把遵守协议本身作为协议的一部分。

假设你是一名律师，在离婚谈判中代表妻子一方。你的委托人认为她的丈夫即便答应给孩子抚养费,也不会照付。每个月去法庭打官司耗费的精力和时间可能会使她放弃为此努力。你该怎么办呢?把问题讲明,用对方的反驳来做保证。你可以对丈夫的律师说:"我的委托人担心,孩子的抚养费根本就是一纸空谈。与其每个月支付抚养费,不知是否可以给她房子的产权?"对方的律师会说:"我的委托人是完全值得信赖的,我们可以写保证书,他会按时支付抚养费。"此时,你可以回复道:"这不是信任的问题,你能保证你的委托人会付钱吗?"

"当然。"

"百分之百肯定吗?"

"是的,我百分之百肯定。"

"那你不会介意我们签订一份带附加条件的协议吧?你的委托人将同意按时支付孩子的抚养费。协议规定如果由于无法说明的原因,你的委托人少付了两次抚养费(而你估计出现这种情况的可能性为零),我的委托人就将得到房子的产权(当然会扣除已付的抚养费)。从此你的委托人将不再负担孩子的抚养费。"对方律师将很难对此提出反对意见。

未完全透露并不等于欺骗。在事实和意图上故意欺骗别人与不完全透露自己当时的想法是两码事。诚实的谈判并不需要完全透露自己的想法。对于"如果要付,你最多愿意付多少钱"这种问题,最好的回答或许是:"咱们尽量避免误导对方如何?如果你认为协议可能无法达成，认为我们或许是在浪费时间，那么也许我们应把各自的想法透露给值得信赖的第三方，他可以告诉我们是否有达成协议的希望。"这样，对于未透露的信息，双方仍可表现出坦诚的态度。

心理战术

这种手段就是为了让你感觉不舒服，这样你在潜意识里会希望尽快结束谈判。

压抑的环境。关于谈判的具体环境已有很多叙述。对于谈判地点是放在己方、对方那里，还是放在中立地点这样不起眼的问题，你应该表现得敏感。与常理相悖，有些时候同意在对方的地盘进行谈判反而更有利。这样可以使对方放松，更乐于聆听你的建议。必要的话，你也更容易中止谈判，离席而去。但是如果你真要让对方选择谈判地点，那就要留意他们的选择以及由此可能产生的影响。

问问自己：是否感觉紧张？如果是，为什么？是房间里太吵，还是房间里太热或太冷？你是否无法与同事进行私人交谈？假如是，那你要警惕。这也许是对方的故意安排，好让你觉得必须尽早结束谈判，从而做出不必要的让步。

如果发现周围环境对你不利，要立即指出来。你可以提议换一把椅子，休息一下，或者另选谈判时间或地点。在任何情况下，你的任务都是发现问题，向对方指明问题，然后以客观、讲原则的态度与他们商定一个更好的谈判环境。

人身攻击。除了控制具体环境，对方还可能用各种语言的或非语言的交流形式使你感觉不自在。他们可能会品评你的衣着和外表："看起来你好像一夜没睡，工作不顺心吗？"他们可能会用让你等候或中断谈判去处理其他问题的方式来贬低你的地位。他们也会暗示你的无知。他们可能会不听你说话，然后让你重复刚才的话。他们故意不用正眼看你。（对学生的实验证明了这招儿的恶毒，他们往往找不出问题的原因。）认清对方的伎俩可以使其失效，将其挑明可以阻止对方再次使用类似的伎俩。

红白脸战术。另一种带有欺骗性质的心理施压方式是使用红白脸战术。这种战术常见于老式的警匪片中。第一个警察使用威胁嫌疑人的战术，指控他犯有多起罪行，让他面对强光的照射，并将他推来搡去，然后找个借口离开。接着，红脸警察关上强光灯，递给嫌疑人一支烟，为刚才粗鲁的警察道歉。他说他想阻止那个警察，但是嫌疑人如果不合作，他也没有办法。结果是，嫌疑人讲出了自己知道的一切。

在谈判中也是一样。同一方的两个人可以导演一场争吵。一个态度强硬："这些书值 8 000 美元，少一个子儿我都不干。"他的同伴则显得有些尴尬而面露难色，最后插话说："弗兰克，你还是讲点儿道理吧。这些书虽然不算太旧，但毕竟已有两年了。"

然后转向对方，以通情达理的口气说："你们付 7 600 美元怎么样？"让步并不大，但似乎更像是给了对方一个人情。

红白脸战术是一种心理攻势，你如果识破这一点，就不会被骗了。在打圆场的家伙说完之后，你同样可以问他："你努力想要做得合理，我非常感谢你。但我仍不明白你为什么认为这是公平的价格。你的根据是什么？如果你能说服我，让我相信 8 000 美元是最公平的价格，那我愿意出这个价。"

威胁。谈判中使用最多的一招儿就是威胁。威胁别人似乎不难——比提出建议容易多了。你只要说几句话，如果奏效，就不必付诸行动。但威胁会引发反威胁并不断升级，致使谈判破裂，甚至破坏双方的关系。

威胁就是施压，施压的结果往往适得其反，它不但不解决问题，反而会带来压力。它不是帮助对方更容易做出决定，而是给对方增加难度。面对外部压力，工会、委员会、公司或政府会紧密联合，温和派和强硬派会携手对抗他们认为是胁迫的不良企图。问题则由"我们是否应该做出这一决定"变为"我们是否应屈服于外界的压力"。

出色的谈判者从不威胁别人。他们根本不需要威胁，因为他们有能传达同样信息的其他方式。如果你要说明对方行为的后果，那就讲明并非基于你意愿的后果，而不要提及因你施加影响而产生的后果。警告比威胁更站得住脚，而且不怕受到对方的反威胁:"如果我们没有达成协议,恐怕新闻界要坚持公开报道这个肮脏的事件。由于公众对此兴趣浓厚,我们恐怕没有合理的手段阻止消息的传播。你说是吗?"

要让威胁产生效力,就必须通过令人信服的方式表达。有时你可以介入传达过程。你可以无视威胁,对其不予认可,并把它看作随口乱说甚至毫不相干的废话。你还可以让对方在实施威胁时冒极大的风险。本书的一位作者曾到煤矿公司调解纠纷,煤矿公司当时收到大量虚假的炸弹威吓电话,后来公司的接线员一拿起电话就说:"您的电话已被录音,请问要转哪个号码?"这样,恐吓电话大为减少。

有时,对方的威胁也可以变为你的政治优势。工会可以向新闻界声明:"资方的理由很不充分,居然开始威胁我们。"不过,坚持原则也许是回应威胁的最好方式。"对于资方惯用的威胁,我们已经准备了一系列反击措施,但我们并不急于采取行动,因为威胁并不是解决问题的最佳途径。我们想看看双方能否在这一点上达成共识。"或者说:"我是个只根据原则谈判的人,我的声誉是建立在不对威胁做任何激烈反应的基础之上的。"

在立场上施压

这种讨价还价的计策是为了营造某种形势,只使一方做出有效让步。

拒绝谈判。1979年11月，美国外交官和使馆人员在德黑兰被扣押为人质。伊朗政府提出了释放人质的条件，拒绝进行谈判。律师也经常采取同样的做法，他们会扔给对手律师一句话："咱们法庭上见！"当对方拒绝谈判时，你该怎么办呢？

首先，要认识到这一招儿是谈判的一种手段，目的是把同意谈判作为讨价还价的筹码，以获得实质上的让步。它的另一种形式是为谈判设置先决条件。

接着，与对方谈谈他们拒绝谈判的理由。可以直接与对方交流或通过第三方进行沟通。不要因为对方拒绝谈判就抨击他们，而要找出对方拒绝谈判的利益所在。他们是否担心，同你谈判等于认可你的地位？与你谈判的人是否会被指责为"软弱"？他们是否认为谈判会破坏内部岌岌可危的团结？还是他们仅仅认为通过谈判不可能达成协议？

然后，你可以提出一些选择方案，比如，通过第三方进行谈判，通过来往信函进行协商，或者鼓励如记者这样的人以私人身份来讨论问题（伊朗人质事件就是一例）。

最后，要坚持使用原则。这是对方希望你采用的谈判方法吗？他们也想让你设置先决条件吗？他们希望别人拒绝与他们谈判吗？他们认为哪些原则适用于这种情况？

过分的要求。谈判者往往以非常苛刻的条件开始谈判。比如你的房子未来值20万美元，而对方却只开价7.5万美元，其目的是降低你的期望值。他们还发现,开始时的极端立场会给他们带来更好的结果。因为从理论上讲,谈判各方最终会在立场上弥合分歧。但这种方式就算对最精明的讨价还价者来说也有不利之处,因为提出一个你和对方都认为不可能的过分要求会降低自己的可信任度。这样的开场还可能毁掉整桩交易,如果对方开价太低,你会认为不值得和对方费口舌。

让对方注意到他们的用计,这有时也能见效。让对方用原则来解释其立场,看是否有充分的理由,直到连他们自己也觉得荒谬为止。

变本加厉。谈判者可能会在每一次让步后提出更多的要求,并且重新提起你认为已经解决的问题。这样做的好处在于减少总体上的让步,而且在心理上给你造成压力,使你希望尽快结束谈判,以防对方提出更多的要求。

1971年,马耳他总理在与英国谈判海空基地使用费问题时就使用了这一招儿。每次在英国人认为他们已达成协议时,马耳他总理就会说:"是的,同意,但还有一个小问题。"结果这个小问题变成要求预付1 000万英镑现金或保证合同期内船厂和基地人员的工作问题。

意识到这点后,你应提醒对方注意,然后不妨稍事休息,考虑是否继续进行谈判或者基于什么原则继续双方的谈判。这样能避免在指出对方行为的严重性时表现冲动,从而做到坚持原则。

当你重新回到谈判桌前时，任何重视达成协议的人都会变得严肃起来。

锁定战术。这一策略可以用托马斯·谢林的著名例子来阐述。两辆满载炸药的卡车在单车道上相向而驰。现在的问题是，哪辆车会开到路边以避免两车相撞。随着两车相距越来越近，一辆车的司机当着另一个司机的面拆下方向盘，把它扔到了窗外。此时，另一个司机只有一个选择，要么迎接一场爆炸，要么把车子开到路边的沟里。这种破釜沉舟的战术的目的就是使让步不可能成为现实。然而，矛盾的是，你在加强自己立场的同时削弱了自己对局势的控制。

在劳资谈判和国际谈判中，锁定战术是非常普遍的。工会主席当众对自己的支持者承诺，他坚决不接受低于15%的提薪方案。由于一旦让步就会丧失信誉和脸面，他会更加努力地说服资方，使他们相信工会坚持增加15%的薪水。

不过，锁定战术可以说是一场赌博。你可以使对方亮出底牌，迫使他们做出他们随后需要向自己的委托人解释的让步。

和威胁一样，锁定战术也要依靠信息的交流。如果对面的司机没有看到方向盘飞出窗外，或者他认为卡车有紧急自动转向系统，那么扔方向盘的行为就不会达到预期的效果。那样，双方都会担负避免相撞的压力。

因此，你可以用阻断对方传达信息的方式来应对强硬的破釜沉舟战术。你可以用下面的话来动摇对方的决心:"哦,我明白了,你跟报界说你的目标是以20万美元解决问题。很好,我想人人都有抱负,你想知道我的目标是什么吗?"这样,你用开玩笑的方式把对方的锁定轻轻带过。

你也可以使用原则来抵制对方的锁定:"很好,鲍勃,我知道你公开发表了那份声明。但我从不向压力低头,我只认道理。现在让我们谈谈问题的是非曲直吧。"不管怎样,不要把对方的锁定当回事儿,将它的重要性淡化,这样对方才能体面地做出让步。

强硬的同伴。最常见的用来拒绝对方要求的谈判技巧是,谈判者称他本人并不反对,但他的那位不好说话的同伴是不会答应的。"这个要求很合理,我同意,但我老婆拒绝接受。"

认识到对方的这一战术。不要和对方继续讨论该战术,而是让他接受所适用的原则(也许以书面形式),并在可能的情况下再与那位"强硬的同伴"直接谈判。

故意拖延。一方常常迟迟不做决定,直到认为时机成熟。劳资谈判中的劳方谈判人员往往要拖延到离罢工的最后期限只剩几个小时才做决定,希望最后期限引发的心理压力能使资方更顺从。不幸的是,他们往往失算,导致罢工的最后期限已过。罢工一旦开始,该轮到资方等待有利时机了,比如等到工会的罢工经费用光。等待合适的时机往往会让谈判者付出高昂的代价。

除了指出对方的拖延战术并与其谈判，还要考虑不给对方机会。如果你代表甲公司与乙公司谈判合并问题，你可以同时与丙公司谈判，寻求与其合并的可能性。寻找客观上有利的条件作为最后期限，比如税收日、年度理事会召开之日、合同到期日或立法会议结束之日等。

"要不要请便。"让对方面对不可改变的选择并没有什么错。事实上，在美国，大部分生意都是这样成交的。假如你走进一家超市，看到一听标价75美分的大豆罐头，你不会和超市经理议价。这是经营生意的一种有效方法，但它不是谈判，不是双方互动的决策过程。经过冗长的商量，你以"要不要请便"为结论也没有什么错，只不过你在措辞上应该更礼貌一些。

你可以把"要不要请便"战术摆到桌面上来，并对此进行讨论。你也可以先忽略它，就像没有听到一样继续说你的，或者更换主题，介绍其他解决方案。如果你挑明了对方的战术，你就要让他们知道，如果达不成协议，他们会损失什么，并寻找一种保全脸面的方法，比如改变环境，让对方走出困境。当资方宣布最后方案后，工会可以对他们说："你们最终可以只增加1.69美元的工资，之后我们再协商，双方共同努力来提高工厂的生产效率。"

不要成为牺牲品

"诚意"谈判到底意味着什么，往往很难有定论。在不同的环境下，人们会有不同的看法。你可以问自己诸如下面的问题，也许对你有帮助：对好朋友和家庭成员，我会采取这种方式吗？如果我的所作所为都被登在报纸上，我会感觉难堪吗？在文学描写中，这样做是属于英雄行为还是恶棍行为？这些问题并不是为了让外界的评论来帮助你了解自己内在的价值。你必须自己决定，是否使用那些在你看来不合适和不诚实的手段。

在谈判开始时这样说是有益的："瞧，我知道这样做有点儿不寻常，但我想知道我们的谈判规则。我们是想尽快而又尽可能省力地达成一份明智的协议，还是玩一场对抗游戏，只有更固执的一方才能获胜？"总之，你要随时准备对付阴谋诡计。你完全可以和对方一样立场坚定，甚至比对方更坚定。捍卫原则比捍卫不正当的计谋容易。不要成为牺牲品。

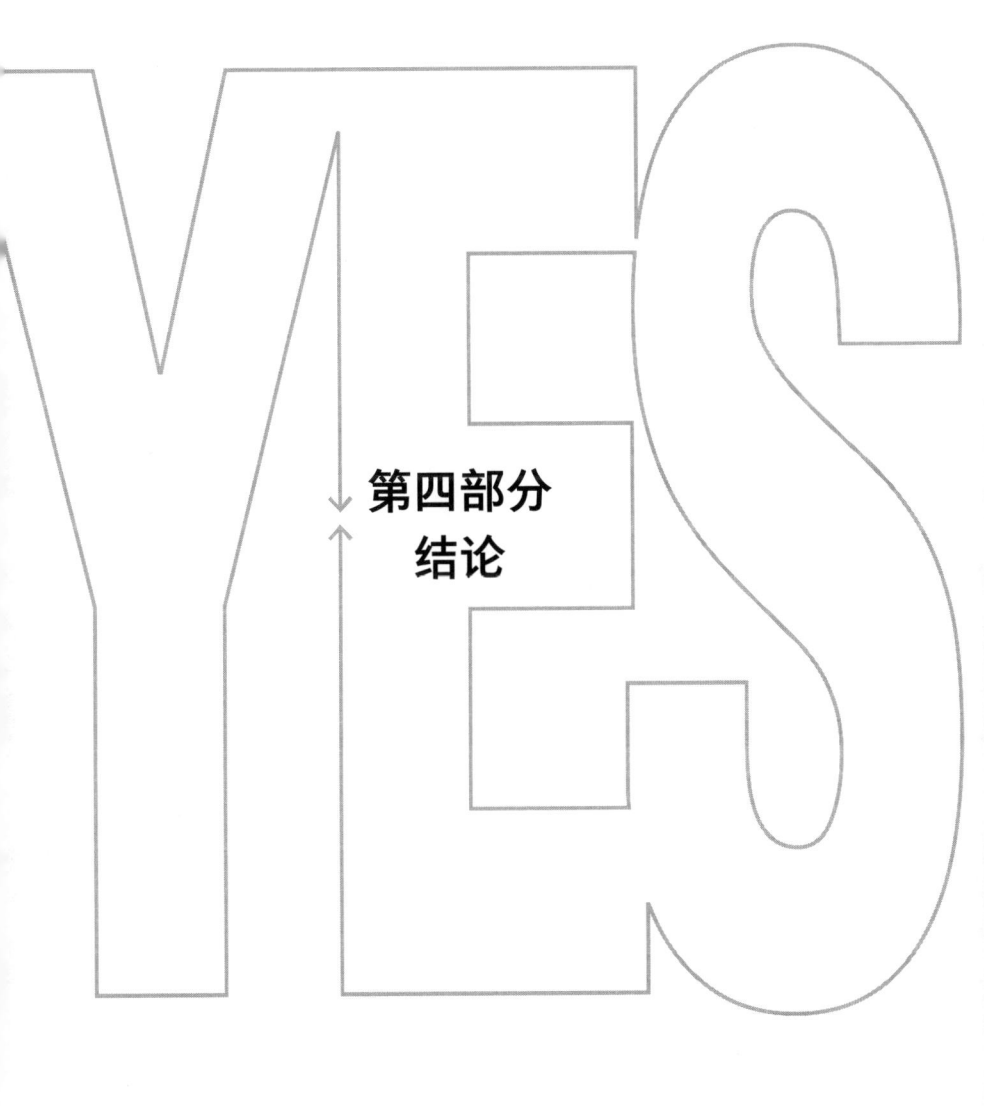

第四部分
结论

时时做到心中有数

本书所讲的每一点几乎都是你或多或少经历过的。我们所做的是，通过总结一般性经验，提供一个有助于你思考和行动的基本框架。本书的观点与你的经验和直觉越一致越好。每当我们把自己的理论讲述给那些经验丰富的律师和商人时，他们总是说："现在我明白我一直是如何做的以及为什么有时能起作用了。"或者说："我知道你们讲得非常正确，因为我早已知道这些了。"

从实践中学习

一本书可以给你指明正确的方向，使你明白道理和自己所做的一切，帮助你从中学习。但是，要真正掌握技巧只能依靠自己。仅靠阅读《加拿大皇家空军手册》，你是不会成为一名合格空军的。只看关于网球、游泳、骑车或骑马的书，你也不会成为相关方面的专家。谈判也不例外。

"取胜之道"

1964年，在伦敦的海德公园，一位美国父亲与他12岁的儿子在玩飞盘，享受着美好的周六。当时，英国没有几个人见过飞盘，因此，这对父子不久就吸引了一群过路人，他们好奇地观看这种奇怪的运动。最后，一个戴着毡帽的英国人走上前问这位父亲："对不起，打扰一下，我看了你们一刻钟，到底谁赢了？"

问谈判者"谁赢了"通常跟问谁赢得了婚姻一样不合适。如果对你的婚姻如此提问，那就表明你已输掉更重要的谈判，它关乎谈判的内容和方式，如何处理双方关系以及共同利益和分歧。

本书讲述的是如何"赢得"这场重要的谈判——怎样用更好的方式解决双方的分歧。要想获得更好的结局，谈判方式当然必须能产生令人满意的实质性结果；在原则问题上取胜并不是唯一的目标，而失去原则肯定不是其答案。理论和实践都已经证明，从长远看，原则谈判方法会达到甚至超过用其他谈判技巧所取得的实质利益。另外，原则谈判更有效率，且对人际关系损害最小。我们发现这种方法很好用，希望你也有这样的体会。

这并不意味着能轻而易举地改变习惯，把感情与原则分开，或者轻而易举地让别人与你合作并明智地解决共同问题。你需要不时提醒自己，你首先要在谈判方法上努力取胜——避免在应得的利益与公平之间进行选择，因为原则谈判能使你二者兼得。

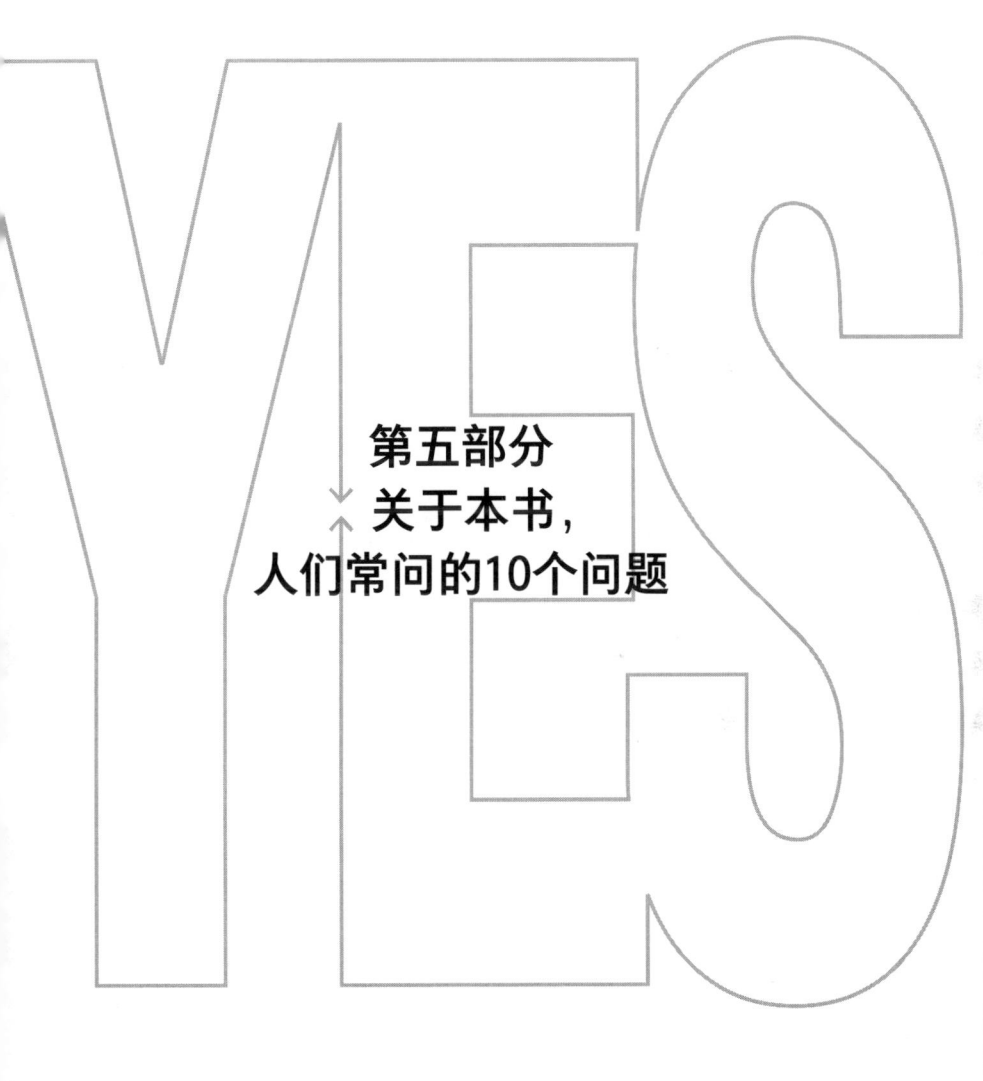

第五部分
关于本书,
人们常问的10个问题

关于公平与"原则谈判"的问题

问题 1：
"在立场上讨价还价是否有道理？"

在立场上讨价还价很容易，所以人们经常使用这种方式就不足为奇了。它无须准备，能被广泛理解（有时面对语言不通的人，甚至可以通过手势使用这种方法），并且在某些情况下，这种方式是固有的和预料之中的。相比之下，寻找立场背后的利益，为实现共同利益制订选择方案，寻求和使用客观标准则颇为艰难。而当对方顽固不化时，你还要抑制自己情绪的冲动，表现沉稳。

几乎在任何情况下，双方通过原则谈判得到的结果都会更理想。问题在于是否值得多费这番工夫。你可以考虑下面几个问题。

避免主观决定到底有多重要？如第 5 章所说的，假如你在和建筑承包商就房子地基的深浅问题进行谈判，那么不论与对方在主观立场上争论不休可以让你多么轻松地达成协议，想必你都不愿这样做。即使你是在为购买一只独特的古式夜壶谈判，尽管很难确定客观标准，但了解销售商的利益，寻求创造性的选择方案也许仍然不失为一个好办法。尽管如此，在选择谈判方法时，一个值得考虑的因素是，你在多大程度上注重解决问题的答案是否符合原则。关于办公楼地基的谈判就比关于工具棚地基的谈判重要得多。如果这笔交易将成为以后交易的范本，那利害关系就更大了。

问题有多复杂？问题越是复杂，采用在立场上讨价还价的方式就越不明智。复杂的问题要求谈判者仔细分析共同利益以及可以融合的不同利益，然后开动脑筋，各抒己见。当双方抱着合作的态度共同着手解决问题时，谈判就会变得更加轻松。

维持良好的工作关系有多重要？如果对方是一位重要的顾客或客户，那么保持你们之间的良好关系也许比做成任何一宗生意都重要。这并不意味着你不需要坚持自己的利益，而是建议你不要使用威胁、最后通牒等对人际关系损害极大的手段。原则谈判有助于避免你在屈服和惹恼对方之间做出抉择。

陌生人之间就某个问题进行谈判时，寻找共同利益的成本较高，各方都拥有极具竞争力的机会。这时，在立场上讨价还价也许能奏效。但是，如果谈判陷入僵局，你就应当改变方式，开始寻找潜在的利益。

你也应考虑谈判对你与其他人的关系的影响。这场谈判会不会影响你作为谈判者的名声，并因此影响别人今后与你谈判的方式？如果会，那么你希望这种影响是怎样的，或是以何种方式存在？

对方的预期是什么？改变对方的预期有多大难度？在许多劳资纠纷和其他类似的谈判中，双方有很长的斗争历史，而且在立场上讨价还价几乎已成为一种模式。双方都把对方看作"敌人"，把形势看成零和博弈，而忽略了罢工、怠工、感情恶化等对双方造成的巨大损失。在这种情况下，建立共同解决问题的合作关系很不容易，但显得更加重要。即便是有意改变谈判方法的各方也会发现难以扔掉以往的习惯：聆听而不是攻击，共同探讨而不是相互指责，并且在做出承诺前先寻找利益。有的谈判方总是陷入对抗性争执的陈规旧习，不到两败俱伤时是不会考虑其他选择的，有的甚至到了两败俱伤时也不考虑。在这种情况下，你就需要为改变旧习制订一张可行的时间表，这种改变也许要经过几个回合的完整谈判。通用汽车公司与"汽车工人联盟"先后签了四份合同才改变了谈判的基本框架。直到现在，双方都仍有一些人不适应新的体制。

你在谈判中处于什么位置？在立场上讨价还价可能会阻碍

双方为寻求共同利益而做出努力。在许多谈判中，谈判的结果是"把许多金子（利益）留在了谈判桌上"。双方在认清各自利益、找到让双方共同获益的选择方案并讨论相关的公平标准后，再在立场上讨价还价，那时损失将是最小的。

问题 2：
"如果对方相信另一套公平标准怎么办？"

多数谈判都没有一个"正确"或"最公平"的答案，人们会通过不同的标准来评判公平与否。但运用客观标准在三个方面强于争执：即使是相互对立的公正标准和惯例所产生的结果也比主观决定明智；运用标准可以减少"屈服"的代价——人们易于接受原则或独立的标准，不愿意屈服于对方的立场要求；最后，与主观立场不同，有些标准比其他标准更能说服人。

比如，一位年轻律师与华尔街的一家律师事务所就薪水问题进行谈判，如果负责人事的合伙人说："我认为你并不比我聪明多少，因此我们决定给你 4 000 美元，同我 40 年前刚入行时的工资一样。"这话听起来一定很荒谬。年轻律师可以指出这些年来有通货膨胀的影响，建议将当前的薪水标准作为参考。如果合伙人决定参照代顿市或得梅因市年轻律师月薪的标准，这位律师可以指出，将曼哈顿名气差不多的律师事务所的年轻律师的平均工资作为参考标准更合适。

通常，有些标准更具说服力，是因为它们更切中要害，能受到更广泛的认可，更符合时间、地点和环境的需要。

不必就什么是"最佳"标准达成一致。由于价值观、文化、经历和认识的差异，人们会在不同标准的利弊上产生分歧。如果非要争论出哪条标准"最佳"，那么谈判几乎是不可能有结果的。就标准问题达成一致本身是不必要的。标准只是一个工具，帮助双方找出一个比未能达成协议更好的结果。使用客观标准可以缩小分歧，扩大达成协议的空间。当各标准细致到很难说清为什么这条标准就比那条标准好时，双方可以通过权衡或其他公平的方式解决遗留的分歧。他们可以使用抛硬币、找仲裁人等方式，甚至采取折中办法解决分歧。

问题 3：
"如果并非必要，我是否应该做得公平？"

本书并不是有关是非道德观念的说教，而是对如何能够更好地进行谈判的讨论。我们没有建议你为了做好人而做好人（当然也不反对）。我们并非建议你一旦觉得对方的承诺公平就立刻让步，也没有让你囿于法官和陪审团认为公平的标准而决不要求更多。我们只是认为，使用独立的标准来讨论提议的公平性能帮助你得到你所应得的，保护你不被他人利用。

如果你想得到的比自己认为公平的还要多，而你又总能劝说别人满足你的需求，那么本书中的一些建议对你也许没有什么用处。但我们碰到的谈判者总是担心自己的利益得不到应有的满足，或者害怕坚持获得自己应该得到的利益会损害双方的关系。本书就是要告诉你如何在满足自己正当利益的同时与对方和睦相处。

但有时，你有机会得到比自己认为公平的更多的利益，你该不该拿？我们认为，如果没有经过仔细考虑，就不要拿。这不仅关系到自我道德的约束问题，还有更多的东西值得考虑。（就算是自我道德问题也应仔细斟酌，但对此提出建议不属于本书的讨论范围。）在有可能得到比公平的利益更大的收益时，你应该权衡得到意外收获的利弊得失。

要和不要对你有多大差别？你认为自己最多能得到多少可算公平？对你来说，超过这一标准是否很重要？权衡一下收益与下面列出的可能付出的代价，看看有没有更好的选择方案。（比如，能否改变一下合同的形式，让对方觉得是对你的特殊照顾而不是被敲了竹杠？）

最好考虑一下自己是否有把握获得这些潜在的好处。你会不会忽略了什么？对方真的没有意识到这些好处吗？许多谈判者都过于乐观地认为自己比对手聪明。

不公平的结果能否持久？如果对方事后发现协议不公平，他们也许不会执行协议。要强迫对方执行协议或再修改协议，你将付出什么样的代价呢？法院也许不会强制执行一份"不合理的"协议。

你还要考虑一下自己在谈判中的位置。如果对方醒悟过来，在最后一刻推翻了协议，那么即便拥有一份极其有利的临时协议也是毫无价值的。而且，如果对方由此认为你想占他们便宜，是个无信小人，那么代价就绝不仅仅是修改这份协议这么简单了。

不公平的结果会让你与对方或其他人的关系遭受什么损失？你有多大可能再次与对方打交道呢？如果你真的又要与对方打交道，而他们又准备报"一箭之仇"，你会面临什么风险？你在其他人心目中的形象，尤其是处事公平的名声会怎么样呢？你自己是不是因占了小便宜而吃了大亏？

处事公平的好名声是一笔巨大的财富，它能为你开拓一个广阔的空间，助你达成有创意的协议，而这些协议离开别人的信任都是不可能产生的。毁掉这一声誉可比树立它容易得多。

你是否会受到良心的谴责？以后你会不会因为感觉占了别人的便宜而后悔？一名游客从一家人手中买走一块漂亮的克什米尔地毯，而这块地毯是这家人辛苦一年的结果。他聪明地提出支付德国马克，然后给了这家人第二次世界大战前魏玛共和国时期通货膨胀的马克,它们此时根本就一文不值。后来,他回到家里,把故事讲述给吃惊不小的朋友们听时,他才真正感到对不起那一家人。此后,他一看到那块漂亮的地毯就不舒服。和这位游客一样,生活中许多人会发现自己关心的不只是金钱和"击败"对方,还有其他许多东西。

关于与人打交道的问题

问题4："如果问题在人，我该怎么办？"

有人错误地将"把人和事分开"理解为对人际问题避而不谈。这可不是我们的本意。人际问题往往比实质性问题需要投入更多的精力，有许多谈判本来能够达成协议，但以失败告终，原因之一就在于人们动辄采取抵触和回击行为。在谈判中忽略人际问题（如何对待对方）简直就是冒险。不论人际问题只是你在谈判中考虑的一个方面还是主要关注点，我们的建议都一样。

建立不受谈判结果影响的良好合作关系。与对方的意见分歧越严重，处理好这一分歧就越重要。良好的合作关系有助于你处理与对方的分歧。通过在实质利益上让步或佯装没有分歧是换不来这样的关系的。经验表明，采取绥靖政策并不是每次都灵验。没有理由地妥协无助于解决未来的分歧。你也许认为下次该对方让步了，而对方认为，只要他们坚持不退让，你就会再次妥协。（张伯伦同意德国侵占苏台德区，后来希特勒占领整个捷克时，他也没有做出军事回应，这也许让纳粹相信，占领波兰也不会导致战争。）

当然，你也不能靠威胁结束合作关系来强迫别人做出实质性让步。（"如果你是真的关心我，你就应该让步。""除非你同意我的意见，否则咱们的关系就完了。"）不论这种计谋能否使对方让步，它都会损伤你们之间的关系，而且会使双方日后分歧的解决变得更加困难。

因此，实质性问题应与关系问题和程序问题分开。一份有望达成的协议的内容要与你讨论问题的方式分开，与如何同对方打交道的问题分开。谈判应根据问题本身的是非曲直来进行。下表说明了两者的区别。

实质性问题	关系问题
措辞	情感与理智的平衡
条件	交流的自如
价格	信任度与可靠性
日期	接受（或拒绝）时的态度
数字	强调以理服人还是以压力服人
责任	相互理解的程度

人们经常以为，在追求好的实质性结果与建立良好关系之间要权衡并做出取舍。我们不这么认为。良好的合作关系有助于获取理想的实质性结果（对双方而言都是如此），而理想的实质性结果则可以使双方的关系好上加好。

有时，你会有很好的理由表示同意，即使你知道依据公平的原则你不应该同意。比如，你和对方的关系不错，那么你可能在某个问题上决定让步，因为你自信地认为，对方日后会意识到"他欠你一份人情"，并会回报你。或者你在考虑了全局以后，觉得不值得在一两个小问题上争论。我们的观点是，不要为了加强人际关系而做出让步。

就关系问题进行谈判。如果你尽了最大努力去建立良好关系，并在重大分歧上依据原则进行谈判，但人际问题仍然让你觉得棘手，那么你就应该就此问题依据原则与对方谈判。提出你对于对方行为的担心，就像你与对方讨论重大分歧一样。不要评论对方的行为，或怀疑其动机。相反，你可以说出自己的感觉和想法，然后问问对方有何感觉。根据客观标准或公平原则来决定自己将与对方打交道的方式，不要屈服于施压计策。讨论时要向前看，不要抓住过去不放，在假设对方并非有意造成你遭遇的结果，而且一旦认为有必要，就会改变自己的态度的基础上行动。

像在所有谈判中一样，你应自始至终想到自己的最佳替代方案。有时，对方只有明白了你的最佳替代方案，才会充分意识到你所关心的是共同的问题,因为他们知道,如果你不能找到一个令你自己满意的解决方案,你的最佳替代方案对他们就不是很有利。

把你如何对待他们与他们如何对待你区别开来。效仿对方做出非建设性行为是不必要的。这么做确实可以"给他们一个教训",但结果往往并不是我们希望看到的。在大多数情况下,以其人之道还治其人之身会进一步招致我们厌恶的行为。它会让对方觉得每个人都是如此行事的,只有这样才能保护自己。我们应该以身作则,用自己的行为来鼓励我们所欣赏的行为,避免出现我们厌恶的举止。这么做不会牺牲我们的实质利益。

以理性对待明显的非理性。世界上大多数行为可能都不太合乎理性。我们在第2章说过,谈判者首先是人。我们往往会冲动或者不假思索地做出反应,当我们生气、害怕或沮丧时尤其如此。我们都见到过这样的人,不论发生什么情况,他们似乎都会失去理性。那么应该怎样应对这样的行为呢?

首先,要认识到虽然人们通常不能理性地进行谈判,但你自己要努力保持理性。在精神病院,我们不希望碰到精神错乱的医生。同样,在对待其他谈判者的非理性行为时,你自己应尽可能理性地思考。

其次,对自己认为对方行为不理性的想法提出疑问。也许他们看问题的角度不同。在多数冲突中,双方都认为拒绝对方所提的要求是合理的。也许他们认为你一开始精心包装的立场是不符合原则的;也许他们的价值观不同;也许双方的沟通出现了问题。

有时,一些人所持的观点在我们许多人看来确实在客观上是"非理性"的,比如有人害怕坐飞机。然而,在内心深处,他们却是根据自己的看法合理地做出反应的。在某种程度上,他们就是相信飞机会坠毁。如果我们也相信,我们就不会搭乘这架飞机了。因此,被扭曲的是对事物的看法,而不是对看法的反应。不要告诉这些人他们错了(不管有多少科学研究证明),也不要惩罚他们,因为他们的想法会改变他们的感受。另外,如果你带着同情心去询问他们,重视他们的感觉,并努力找出根源,也许你就可能改变他们的想法。在与他们合作时,你也许会发现他们跳跃的逻辑、对事实的误解以及从前痛苦的经历对现在的影响。一旦这些问题暴露,他们自己就能对其进行分析并修正。总之,你要发现对方立场背后的心理需求,帮助对方找到能更有效地满足他们多方面的利益的方法。

问题5:"我甚至要与恐怖分子以及类似希特勒那样的人谈判吗?什么时候我可以拒绝谈判?"

不管对方多么声名狼藉,除非你有更好的最佳替代方案,否则你所面临的问题都将是如何与对方谈判，而不是该不该与对方谈判。

与恐怖分子谈判？是的。事实上，如果说你试图影响他们的决定（他们也在试图影响你的决定），那么即便你没有与对方交谈，你也一直在与他们谈判。问题在于你是与对方保持距离，以言行（比如"决不与恐怖分子谈判"）与对方进行谈判，还是以更直接的方式与对方谈判。一般来说，交流渠道越通畅，你就越能给对方施加影响。如果人身安全能够得到保障，那么不论恐怖分子是扣押了人质还是威胁使用暴力，与他们进行对话都还是有意义的。如果你有充足的理由，那么你更有可能影响对方，而不是受对方影响。（对于谈判中的"恐怖分子"，也就是那些企图使用卑鄙手段的人，也同样如此。）

谈判并不表示屈服。支付赎金和听凭敲诈勒索的代价是很大的，给绑架者赎金会导致更多绑架案发生。通过交流也许可以让恐怖分子（以及以后可能成为恐怖分子的人）相信，他们不会得到赎金。交流还可以让你了解对方的一些合法利益，从而找到一个各方都无须为此做出让步的解决办法。

即使与类似希特勒这样的人打交道，如果经过通盘考虑，认为谈判获得的结果比最佳替代方案能更好地满足自己的利益，那么我们也应该与其进行谈判。在许多情况下，就算战争真的爆发，它实际上也只是谈判的一个步骤。使用暴力是为了改变对方的最

178　谈判力

佳替代方案或改变对方对其最佳替代方案的想法，让他们更愿意接受我们提出的和平条件。在这种情况下，以谈判的角度来思考问题是至关重要的。这样，我们就会记得以理性的方式向对方提出条件，让对方觉得有说服力。

对方按照宗教信仰行事，我们还与其谈判吗？回答是肯定的。虽然谈判不大可能改变对方的宗教信仰，但他们的行为，即使是基于宗教信仰的行为，也可能受到影响。值得再次提出的关键一点是，谈判不一定需要你在原则上妥协，多数情况下，成功来自找到一个符合双方原则的解决方案。

许多情况只是看似"宗教"冲突。其实北爱尔兰新教与天主教之间的冲突，就像黎巴嫩的基督徒与穆斯林的冲突一样，都不是宗教冲突。宗教在这里只是区分两派的一条便捷的分界线。在划分人们的居住区、工作地点、朋友以及他们决定把选票投给谁时，这条界线就更明显了。在这样的群体之间进行谈判是非常有利的，因为谈判增加了双方和解的机会，这将是务实而又符合双方利益的。

什么时候可以拒绝谈判？是否应该谈判，以及花多少精力进行谈判，都取决于你对最佳替代方案的满意程度，以及你认为谈判取得更好结果的可能性。如果你的最佳替代方案非常好，而谈判看上去又没什么希望，那你就没有理由在谈判桌前浪费时间了。如果你的最佳替代方案很糟糕（即使谈判前景不容乐观），你也应该乐意在谈判桌前多花些时间，看看能否得到令人满意的结果。

为了进行分析，你需要仔细考虑你和对方的最佳替代方案。避免自己犯类似下面这家银行所犯的错误。这家银行与一家破产的能源公司进行谈判。根据法律规定，银行有权接手整个能源公司的所有权，但法官希望双方自行解决这件事。银行提出要拥有公司51%的股票，降低贷款利率。但公司管理层就是拖着不理。碰了钉子以后，银行用了几个月的时间试图让对方对谈判表现出兴趣。自然，公司方面又拒绝了——他们发现自己的最佳替代方案就是等待石油价格上涨。这样，他们就能偿还贷款，并仍然拥有公司的全部股份。银行方面既没有认清自己的最佳替代方案，也没有认清对方的最佳替代方案。银行方面应该和法官谈判，说明这一不公平的情况，并要求上诉，却以为和公司谈判是唯一的选择。

政府容易犯的错误是，过于乐观地估计自己的最佳替代方案——比如，它认为在某种情况下"政治"和"经济"手段不能奏效时，就总有"军事选择"。但实际上，军事方案并不总是可取的。（比如在大多数人质被扣押的情况下，军事行动根本无法保证人质安全获释。以色列对乌干达机场的轰炸行动是个例外，因为机场是由以色列的工程技术人员设计建造的。即使可能成功，它也会使以后的军事行动更加困难，因为恐怖分子会不断采用新战术。)我们是否有自救方案还要依据形势而定:是单靠我们自己的努力就能达到目标,还是必须由对方的什么人做出决定?如果情况是后者,那么我们得去影响谁的决定呢?我们需要什么样的决定?如果军事行动确有必要,那么怎样才能使其影响这一决定?

不要事先假设自己有或没有比谈判更理想的最佳替代方案。要全面分析形势,然后确定谈判是否有意义。

问题6:"如何针对性格、性别及文化等方面的差异及时调整谈判方法?"

从某些方面来看,世界上所有的人都是相似的。我们希望被爱,渴望得到相互的尊重,都不愿意被别人利用。而在其他方面,人们(即使是具有相同背景的人)都各不相同。有的人外向热情,有的人则内敛羞涩;有的人说话头头是道,能言善辩,有的人则粗暴鲁莽,感情用事;有的人直来直去,有的人则含蓄机智;有的人喜欢与别人竞争,有的人则尽其所能避免冲突。作为谈判者,不同的人有不同的利益需求和谈判风格。能说服他们的事情不尽相同,他们因此也会有不同的决策方式。在谈判中,我们如何与各种人士共处,协调彼此的共同点和不同之处呢?下面是一些指导性的建议。

入乡随俗。在任何谈判中,对于对方的价值观、想法、行为准则、心情以及他们所关心的事情,你最好持敏感态度,并相应地调整自己的行为。你要努力影响的就是与你谈判的那个人。你越是能和那个人的思维方式合拍,就越有可能与其达成协议。能影响谈判结果的常见分歧包括以下几点:

◎ 谈判速度:快还是慢?

◎ 谈判规格:高还是低?

◎ 谈判时双方的身体距离:近还是远?

◎ 口头协议或书面协议:哪个更具有约束力、更全面?

◎ 交流方式:直接还是间接?

◎ 时间跨度:长期还是短期?

◎ 关系范围:只是商业关系还是包括所有的关系?

◎ 未来的交易地点:私人场合还是公开场合?

◎ 谈判人:地位平等的人还是最能胜任的人?

◎ 承诺的严格性:不可更改还是灵活可变?

将一般性建议应用于具体情况。本书提出的建议带有普遍性,对于不同的人或不同的情况有不同的运用方法,但基本原理一般说来还是可行的。如果没有特殊原因,我们建议你根据每次谈判的具体内容，灵活运用本书的原理。运用本书原则的最佳办法是具体问题具体分析。根据自己所处的位置、谈判对象、行业惯例、与对方以往接触的经验等具体因素，策划符合当前形势的谈判方法。

注意信仰和习俗的差异，但不要对个人抱有成见。不同的团体和场合有不同的信仰和习俗。要了解并尊重各自的信仰和习俗，但不要因此对个人做出臆断。

个人的态度、利益及特点往往不同于他所属的那个群体。比如，日本人普遍倾向于含蓄的交流和谈判方式。但具体到个人而言，谈判风格则多种多样。日本政府一位著名的内阁大臣就以急躁的"美国式"谈判风格著称，就连多数美国人都不会这样。一项研究表明，女性比男性更愿意以开放、随意的方式获得信息。她们对人际关系更敏感，其道德标准更侧重于对别人的关心与义务，而不太注重规则以及个人的权利。但同样的资料也表明，男性与女性中都有相当大的一部分人不这样。

根据某人身处的群体特点来推测其个性是不礼貌和危险的，这是对他个性的否定。我们不会认为自己的信仰和习惯可由我们偶然身处的群体决定。因此，己所不欲，勿施于人。我们每个人都受所处环境、成长经历、文化背景、群体特征等多方面因素的影响，但依据这些因素不一定能判断某人的个性——个性因人而异，无法预知。

对自己的臆断提出疑问，洗耳恭听。不管你怎么判断对方（不论你认为他们与你大致一样还是相去甚远），你都要质疑自己的判断。要乐于了解对方，也许他们与你意料中的完全不一样。文化背景之间的各种差异可能为你提供了可以参考的线索，但你要记住，所有的人都有不属于任何标准模式的特殊兴趣和性格。

关于策略的问题

问题 7:"对于像'在哪里会面''谁先开价''开价多高'这类问题,我该如何决策?"

医生在回答病人该服什么药、不要吃什么东西之前,首先要了解病人的病症,诊断各种可能的病因。只有这样,他才能制订治愈病痛的方案。谈判专家也是如此,我们没有包治百病的药。要提出好的策略建议,就需要对具体情况有详细的了解。

下面的三个具体例子可以对此加以说明。

我们应在哪里会面?我们会有什么顾虑?假如双方都忙得不可开交,谈判可能会被不时打断,那么与外界隔离则可能是首要的考虑因素。如果对方缺乏信心,或需要有同伴帮忙,那么在他办公室里会面也许会令他更放松。要是希望自己能够随时离席而去，你也可以选择对方的办公室。你在谈判中是否会借助图表、文件，或者请教技术专家？如果你需要使用翻页图表、白板或投影仪，那么最好能选择一间提供这些设备的会议室。

谁先开价？有人以为，在谈判桌上亮出数字的最好办法就是开价。其实这是错误的。在报价之前，我们通常需要对利益、选择方案及客观标准进行研究。过快地提出条件会让对方感觉草率。在双方对问题有所了解时，有助于协调双方利益及标准的条件才最有可能作为建设性的方案被接受。

不论你是否开口提条件，你都希望讨论能尽早围绕有利于自己的方法和标准展开。如果你准备不充分，不知道什么方案是合理的，你就不愿意提出自己的想法和条件。你也许希望对方先行一步，提出优厚的条件。但你应该谨慎，根据对方第一次提出的方案或亮出的数字来衡量事物的价值是极端危险的。如果你对该事物的价值知之甚少，你就应该在谈判开始前做更多的调查研究。

在价格谈判中，双方准备得越充分，谁先报价存在的区别就越小。所以说，与其了解谁应先开价的有关规则，不如掌握一条规则，那就是根据客观标准做好充分准备。

我应开价多高？许多人根据对方退让的幅度来评价谈判成功与否。尽管卖方开价时一口咬定"标签价"或"零售价"，买方总会为自己能砍下点儿价而高兴。其实他们不了解市场，不知道他们的最佳方案需花费多少。所以，只要自己付的钱比最初的"要价"少，他们就会感到满意。

在这种情况下，如果你是卖方，那你自然会开出你认为可接受的最高价格。另一种办法是，开出一个能说服中立的第三方接受的最高价格。这么做，你要先说出理由，然后报出具体价格。（如果对方对你开的价不满意，他们可能就不会听你的理由了。）

最初的报价应有一定的灵活性。事实上，你对最初的报价定得越死，一旦有所松动，就越显得不可信。比较妥当，至少比较有效的做法是说些这样的话："好吧，同样的工作看看其他人付多少钱。在纽约，每个小时给18美元，听起来怎么样？"此时你提供了一个标准和具体数字，但并没有做出任何承诺。

策略取决于自己的准备。关于策略问题，有两点值得大家参考。第一，几乎在任何情况下，策略本身就是准备过程的一个体现。如果你准备充分，那你自然会找到策略。只要你熟练掌握与谈判有关的各种标准，你就自然清楚所要讨论的内容，并且知道对方会提出哪些标准。如果你仔细透彻地分析了自己的利益，你就会清楚哪些该先讲，哪些该后讲，哪些可以根本不提。如果你事先制订了自己的最佳替代方案，你就会知道什么时候该离席而去。

第二，准备不足是不会产生明智策略的。假如你制定了一个循序渐进的策略，准备让对方"暴露脚趾"，结果发现对方穿着凉鞋来参加谈判，那你就有麻烦了。你计划与对方先讨论关系问题，但对方要谈最佳替代方案。因为你永远不可能知道对方会采用什么策略，所以，你在穿过树林之前，最好先了解地形，而不要预先计划好走某条特定的路线。

问题 8："具体地说，我该如何由制订选择方案过渡到做出承诺？"

我们已经提供了大量的建议，告诉你如何在谈判中制订双方满意的明智方案，以及如何避免或克服各种人际问题。但问题依然存在，你该如何结束谈判？尽管我们认为没有最佳方式，但下面几条普遍原则值得大家考虑。

从一开始就考虑结束。在谈判尚未开始时，想象一下成功的协议会是怎样的也不是没有意义。这可以帮助你理清谈判中需要解决的问题，以及解决这些问题的方式。想象一下执行协议的情景。哪些问题需要解决？然后回过头来问问自己：对方如何成功地向他们的委托人解释并证明这份协议的合理性？（"在安大略所有的电力工人中，我们可以排在前10%。""我们付的工钱比三个评估员中两个的估价少。"）再想想同样的事情，自己会怎么做。然后问自己，什么样的协议才能让双方都能在各自的委托人面前说这样的话。最后，考虑一下该怎样说服对方（还有自己）

接受拟订协议，而不是继续谈判。

在谈判过程中，要始终记着这些问题，并根据不断增加的信息来充实、改进自己的设想。用这种方式着重考虑自己的目标，有助于把谈判保持在富有成效的轨道上。

考虑制定一份框架协议。在即将产生书面协议的谈判中，先勾画一个协议框架不失为一个好主意。这份"框架协议"实际上是一份协议形式的文件，给每项条款留出空白，待谈判决定后往里填写。房地产经纪人手中的标准买卖表格就是一种详细的框架协议。在其他情况下，用标题目录作为协议框架也许再合适不过了。准备一份框架协议，无论详尽与否，它都可以保证你在谈判过程中不漏掉重要内容。这份协议也可以作为谈判的起点以及一项议程，帮助你有效地使用时间。

不论你在谈判前是否拥有一份框架协议，在谈判进程中草拟有望达成协议的条款都是很有帮助的。草拟协议内容有助于使讨论突出主题，不致忽略重要的内容，并且让人感觉谈判有进展。边谈边写也可以留下一份有关讨论的记录，减少以后出现误解的可能性。如果你手头已有一份框架协议，那么草拟协议无非是在讨论每项条款时往里填空而已。或者说，如果双方尚未达成共识，那也可以草拟临时替代方案。

逐步向承诺过渡。随着谈判的深入，你们就每个问题的选择方案和标准进行讨论，双方应努力寻求一份能达成共识的提议，尽可能包括所有要点，并能满足各方利益。如果在某个选择方案上还不能达成共识，那么双方至少应努力缩小可供选择的范围，然后继续讨论下一个问题。或许，不久就会出现更好的选择方案和协调的可能性。（"好，2.8万~3万美元的薪水或许是你们能接受的。那么从什么时候开始算呢？"）

为了鼓励双方各抒己见，最好明确规定所有承诺都是临时性的。这样，你们才能有一种讨论有进展的感觉，同时不必担心所谈论的每个方案都会被认为是承诺。如果临时承诺合适，就不能毫无道理地随意更改它。然而需要表明的是，在看到最后文本之前，不要做出任何正式的承诺。比如，你可以在框架协议的抬头写下"临时草案——无正式承诺"。

达成协议的过程很少一帆风顺。你要准备对所列问题进行反复多次的讨论，在具体问题与整个协议之间来回斟酌。棘手的问题可以讨论多次或留待最后解决，这取决于谈判的进程是否有走向成功的可能。在此过程中，不要再提过分要求或者固执己见，而要提出选择方案，征求批评意见。（"依据这份草案制定一份协议，你觉得怎么样？我不敢肯定我这边的人能接受这份协议，但估计八九不离十。像这样一份协议，你觉得可以吗？如果不行，那么问题出在哪里？"）

坚持自己的利益，但对寻求其他解决方案并不固执僵化。既做到态度坚定又不陷入顽固立场的做法是，将利益本身与如何满足利益两者分开。当提议受到挑战时，无须为其辩护，而是再次阐述你的根本利益，问问对方是否有更好的途径，既满足你的利益又满足他们的利益。当矛盾不可调和时，问问为什么一方的利益应高于另一方的利益，其中是否有什么道理。

除非对方有理由证明你的想法不全面，应该改变，否则就要坚持自己的分析。如果你被说服了，就要对自己的观点做相应的调整，但要首先陈述逻辑理由。（"不错，你说得很对，衡量这一因素的方法可以是……"）如果你做了充分的准备，你就应该预料到对方可能提出的大部分理由，并仔细考虑这些理由对最后的谈判结果有何影响。

自始至终，你的目标都是避免无谓的争吵。当存在分歧时，寻求第二协议——就你们存在的分歧达成共识。要保证双方的利益和理由都明白无误。通过各种假设和办法来验证这些利益和理由。坚持用客观标准和创造性的选择方案调和双方的利益冲突。对于相互冲突的标准，可以通过评估哪一条更适用来协调，或通过创造性的平衡来解决。总之，要坚持不懈。

开价。有时，阐明利益、制订选择方案和分析各种标准，其所得是呈递减趋势的。在对某一个或某几个问题进行仔细研究后，你应准备好提出报价了。最初的报价可能只针对几个关键问题（"如果定金不超过 5 万美元，那我同意将 6 月 30 日作为最后期限"），之后，这样的部分提议就可以综合成更全面的提案。

通常提出的条件不应太突兀，而应该是讨论的自然结果。它不是一个"要不要请便"的提议，但也不应该是最初的立场。根据之前的讨论，你的要求应让双方感到合情合理。在许多谈判中，各方都是在提出合理的全部要求后达成协议的。

你应该考虑提出报价或条件的方式和地点。如果谈判是在公开场合进行或是参与者众多，那你应该找一个私下场合，讨论最后的承诺责任。尽管最后正式的签字仪式是在后来的公开场合举行，但许多协议是在双方最高级谈判者一对一的会谈中达成的。

如果协议看上去合情合理，但仍有几个问题存在分歧，那就应寻求公平的程序尽快结束谈判。在随意报出的数字之间平衡分歧只会产生不合情理的结果。根据合理、令人信服的公平标准得到的平衡结果才不失公正。另一个方法是，当存在分歧时，一方或双方可以邀请第三方出面，分别跟双方讨论，经过反复协商，第三方也许可以最终提出一个"最后机会"的推荐方案。

在最后时刻表现得慷慨大度。在感觉谈判快要达成协议时，你可以考虑，在不违背自己方案的基本逻辑的情况下，给予对方一些他们认为有价值的东西。但要表明这是你最后的态度，不要让对方抱有得到进一步让步的期望。有时，这种优惠条件可以打消对方最后的疑虑，使生意成交。

你要让对方在离开谈判桌时心满意足，觉得受到了公平对待。这样协议才会得到很好的执行，同时有利于你将来的谈判。

问题9："怎样才可以不冒太大风险去尝试这些想法？"

也许你相信采取某种方式不无道理，但不敢确保能顺利实施，进而得到比现在更好的结果。怎样才能不冒太大风险去尝试这些想法呢？

投石问路。如果谈判的风险较小，或者你本身拥有合适的最佳替代方案，或者存在有利的客观标准，又或者对方能遵循你的谈判方法，那么你就可以进行谈判试验。从基于你现有技巧的想法开始，然后，逐步尝试使用新办法。随着经验和信心的增多，你可以适当增加风险，在一些更重要和更富有挑战性的谈判中尝试新技巧。你不需要一次尝试所有想法。

投资。有人终生打网球，但球技始终不佳。这些人满足于自己的现状，不愿意考虑改变。优秀的球员明白，球技的提高意味着在新的战术上下功夫。他们起初也许会由于不熟悉新技巧而球技退步，但终究会超过自己原有的水平。新的战术提供了更长远的潜在利益。你在谈判中也应如此。

总结回顾。每次经历重大谈判后，要留出时间分析一下自己的表现。哪些方法起作用了，哪些没有？在哪些方面你本可以采用不同的方法？可以考虑写一本谈判纪事或日记，以便定期回顾。

不打无准备之仗！谈判实力，就像下面要谈到的，并不是你所具备的适用于任何情形、任何目的的力量。它要求谈判前做大量的艰苦工作，使自己掌握的东西在特定形势下具有说服力。换句话说，要做好充分准备。充分准备有百利而无一害，它只是需要时间。准备得越充分，你就越能有效地将这些想法付诸实践并发现其价值。

为如何与对方建立和保持良好的合作关系做好准备。把双方的利益列一份清单，然后制订各种选择方案，以尽可能满足这些利益。寻求各种客观标准或准则，用来说服明白事理的第三方该做什么。问问自己能提出什么论据，再看看是否可以找到支持自己论据的事实和信息。同时考虑对方能否找到什么依据，使达成的协议能给委托人一个合理的交代。如果对方很难向委托人解释某些条款的合理性，那么就这些条款达成共识几乎是不太可能的。最后想一想各自希望对方做出什么样的承诺，并建构一份可能的框架协议。

有时，你可以和你的朋友一起来预演即将开始的谈判。请他扮演对方的角色，或者扮演你的角色（当然得在培训之后），而你则扮演对方。（尝试一下对方的角色，从听者的角度感受自己的观点，这是验证自己的理由是否具有说服力的有力技巧。）你也可以向朋友、更有经验的谈判人士或专业谈判顾问请教。

谈判在许多方面与体育有共同之处：有些人有天生的优势，比如最优秀的运动员，他们可以从准备、训练和指导中获得最大收益。而那些天资略为逊色的人更需要准备、训练和反馈，并且可以从中获益匪浅。不管你属于哪种人，你都有许多需要学习的地方。只要你付出辛勤的努力，就会有回报。这全在于你自己。

关于实力的问题

问题 10:"当对方实力更强大时,
我采用的谈判方式真能起作用吗?"
"如何增强我的谈判实力?"

不论双方的相对实力是否悬殊,你如何谈判(以及你如何准备谈判)都会对谈判结果产生巨大的影响。

有些东西你无法得到

当然,不论你的谈判技巧多么高超,你通过谈判所能得到的总是有限的。世界上最优秀的谈判家也无法把白宫买下来。只有当你提出的条件让对方感觉比他们的最佳替代方案更有吸引力时,你才可能获得谈判的成功。如果你不可能做到这一点，谈判就没有意义。你还不如集中精力完善自己的最佳替代方案，有可能的话，试着改变对方的最佳替代方案。

不同的谈判方式会产生截然不同的谈判结果

当有机会达成协议时，不同的谈判方式所产生的结果将大相径庭。你们也许能达成共识，也许不能；谈判达成的协议可能对你非常有利，也可能只是勉强能接受。你的谈判方式决定了你是把馅饼做大还是只把现有的馅饼分了，也决定了你与对方的关系是融洽的还是紧张的。当对方手里似乎握有所有王牌时，你的谈判方式就至关重要了。比如，你去应聘一份工作或就某项规则允许有例外进行谈判，如果对方允诺给你的待遇不佳或拒绝你的要求，那你可能几乎没有可求助的资源。此时，你的谈判技巧是你拥有的一切。无论成功的机会多么渺茫，你的谈判方式决定了你是否可以抓住并利用机会。

"资源"并不等于"谈判实力"

谈判实力是说服某人做某事的能力。虽然美国非常富有，且掌握着许多核武器，但这对于阻止恐怖活动和解救被扣押在贝鲁特的人质并没有实质性的帮助。手里的资源能否给你带来谈判实力取决于具体情况——你要说服的人是谁，以及你希望他们做什么。

不要问"谁更有实力"

试图估计你和对方谁更"有实力"是要冒风险的。如果你认为自己更有实力,你也许就会放松警惕,不再做充分的准备;如果你认为自己的实力不如对方,你就有可能失去信心,不再投入足够的精力考虑如何说服对方。无论你的判断是什么,都无助于找到最好的谈判方式。

事实上,即使资源对比悬殊,你还有其他许多增强自己谈判实力的方式。当然,如果至少在短期内,谈判的王牌掌握在对方手里,那你就需要谈判。但是,在这个相互依存性日益增强的世界里,一个老练而执着的谈判者总是能找到可以利用的资源和潜在的盟友。就算不能使实力对比颠倒,也至少可以改变现有的实力对比。不尝试就永远不会知道自己的希望所在。

有时,人们似乎更愿意认为自己势单力薄,相信自己没有能力左右形势。这么想可以减轻由于自己的无为而产生的负担感和内疚,而且避免了为努力改变形势所要付出的代价——付出努力和承担失败的风险,因为失败使人难堪。虽然这种想法是可以理解的,但这并不影响一个人通过有效谈判可能有所成就的事实。这是一种自我拆台和自我实现的态度。

最好的经验之谈是保持乐观——超越自我。这样就不用在毫无希望的事情上浪费大量资源,你会意识到,即使你不一定成功,很多事情也还是值得一试的。尝试越多,收获就越大。关于谈判的研究也表明了希望与结果之间相辅相成的关系。自然、积极而非消极的思考会带来很好的回报。

谈判实力来自方方面面

如何增强自己的谈判实力？整本书都在努力回答这个问题。谈判实力来自方方面面，其中之一就是拥有一个好的最佳替代方案。如果对方相信你，那么告诉对方你拥有更好的选择就颇具说服力。本书第二部分分析的四个基本因素——人、利益、选择方案、客观标准，也是谈判实力的源泉。如果对方某一点比较强，那你可以在其他方面发展实力。除了以上五点，再补充第六点——承诺的力量。

在谈判者之间建立良好的合作关系也是实力的体现。如果你理解对方，对方也理解你；如果即使存在分歧，人们也能做到相互尊重和理解彼此的情绪；如果有通畅的双向交流渠道而且人们能互相聆听；如果人际问题不是通过主动要求或做出实质让步，而是通过直接面对得到解决，那么，谈判对双方来讲将会更加顺利、更加成功。从这个意义上说，谈判实力并不是一个零和现象。对方实力强一些并不意味着你的实力就相对弱。双方的关系越和谐，彼此就越能相互影响。

与传统观念相反，如果对方对你施加影响的能力日益增强，你往往能从中受益。与两个有信誉危机的人相比，两个以值得信任著称的人能更好地影响彼此。你信任对方本身就增加了他们对你的影响力，而你从中也获益匪浅。你可以放心地和对方达成有利于双方的协议。

良好的沟通更是谈判实力的一个重要源泉。有力地表达，聆听对方的想法，以及表示你已听明白了，这些都能增强你的说服力。约翰·肯尼迪尤以表达有力著称："让我们不要因为害怕而谈判，但让我们永远不要害怕谈判。"

表达思想不一定非得毫不含糊才算清楚有力。在许多情况下，让对方理解你的想法（哪怕是摇摆不定的想法）可以减少对方的担心，澄清不必要的误会，促进合作解决问题。比如，某位供应商就某一供货合同做了一次她认为具有竞争力的投标。买方对这份标的和投标人都很满意，就是担心这家刚起步不久的公司可能在需求高峰期无法供应充足的货物。如果买方只是简单地说一声"谢谢，但你没有中标"，然后花更多的钱雇请另一家公司，投标人也许会认为是买方不喜欢自己的投标方案。这样，她就没有机会说服买方她有能力保证充足的货源。而如果买方能说出他们对标的感兴趣，同时又表达了自己的忧虑，结果对双方也许会更好。

认真聆听对方讲话也能增强你的谈判实力，因为这样能使你更多地了解对方的利益和可能的选择方案。一旦了解了对方的想法和顾虑，你就可以着手解决它们，并找到双方的共识和分歧，为以后的谈判寻找有效的途径。例如，某家医院的医生想把一位年纪大的病人转到另一家有专门设备的医院去。医生们反复向病人解释专门医院对老人治病有帮助，但病人就是不肯转院。医生们觉得病人太不通情理，完全违背了自己的最佳利益，因此把病人的理由视为不合逻辑。但是，一位实习医生耐心地聆听了病人不愿转院的理由。病人说他一生中体验了多次被抛弃的滋味，他害怕这次转院会让他再次体验这种滋味。了解了他的苦衷之后，实习医生针对病人的顾虑进行解释，病人最后高兴地同意转院。

表示你听明白了对方的意思也可以增强你的说服力。当对方感觉你听明白了他们的意思时，他们也会更乐意听你讲话。如果对方说的话你赞成，聆听就相对容易。假如对方说的意思你不赞成，听起来就不那么容易了，但这正是聆听最有效的时候。在准备反驳前先聆听，了解具体情况，要保证你明白了对方的观点，并确保他们知道你明白了。对方知道你了解了他们的意图后，他们就不能简单地把你的反对意见视作缺乏理解的表现而置之不理了。

了解利益所在能增强谈判实力。你越清楚地了解对方的利益，就越能以最小的代价更好地满足对方。寻找无形或潜在的重要利益。对于像金钱这样实实在在的利益，问一问在此背后隐藏的是什么。（"这笔钱是干什么用的？"）有时，在对方最固执、最令人无法接受的立场背后，恰恰存在着与你自己一致的利益。

看看这个例子。有位商人要买一家广播电台，广播电台的最大股东愿意以合理价格出让 2/3 的股份，但另外 1/3 股份的拥有者（现任广播电台经理）为自己的股票开了一个天价。商人几次提高买价，但仍没能达成协议，于是想要放弃这笔买卖。最后，他研究了第二股东的深层次利益。原来，现任经理并不在乎钱，但希望能够继续经营自己占有一部分股份的这家广播电台。于是，商人提出，只从她手中购买因税务而需要购买的那部分股份，并同意继续让她担任广播电台经理。第二股东同意了这项提议，出让了股票，为商人节省了近 100 万美元。理解卖方的深层利益大大增强了买方的谈判实力。

制订一个出色的选择方案能增强谈判实力。让大家集思广益、各抒己见可以增加你对他人的影响力。在对各方的利益有所了解后，你完全有可能设计一个能融合各方利益的明智办法——就像刚才提到的那个电台的例子一样。有时，也可以通过一些巧妙的谈判程序来实现目标。

比如，在采用密封投标方式的邮票拍卖会上，拍卖师希望竞拍者能够对所拍邮票开出心目中最高的支付价格。然而，每个潜在的买主都不希望价格抬得太高。在普通的密封式投标拍卖会上，每位竞拍者都试图揣测他人的出价，然后开出比其略微高一点儿，而比自己实际愿意支付的价格低的价格。但在邮票拍卖会上，有明文规定：出价最高的竞拍者将以次高价格买到邮票。所以，竞拍者可以放心地写下自己愿意接受的价格，因为拍卖师保证他们不是非得付这个价。这样，每个竞拍者都不会后悔自己没有开出更高的价格，而中标人也因为实际所付的价格比自己的出价低而高兴。拍卖师也很满意，因为与普通拍卖相比，在这个体系的运作下，最高价与次高价之间的差别比标价整体提高的水平小。

使用合理的客观标准能增强谈判实力。你可以把合理的标准作为说服别人的武器，也可以作为保护自己不迫于压力而屈服的盾牌。（"我是想给你打个折，但这个价格本身是不变的。通用汽车公司上周付的就是这个价，我给你看发票。"）律师可以用先前的案例或原则来增强自己说服法官的能力。谈判者也可以使用先例、原则和其他公正的客观标准，用有力且有效的方式表达，以达到增强自身谈判实力的目的："对于同样的工作，我只要求你付给我的工资和你付给其他人的一样。""如果我们有能力支付，我们愿意按房子的实际价值付款。我们提出的价格与上个月附近同样房子的售价是一样的。除非你能给我们一个合理的解释，说明为什么你的房子贵一些，否则我们坚持我们的报价，不会改变。"让对方相信你的要价是公平的，这是你最强有力的辩词。

制订一个最佳替代方案能增强谈判实力。我们在第 6 章讨论过，增强谈判实力的一个基本方法是，改进你在谈判失败后的可选择方案。一个具有吸引力的最佳替代方案有利于说服对方给你更多的利益。（"街对面的公司愿意以比现在高 20% 的工资聘用我。虽然我还是愿意留在这里，但由于生活费用紧张，除非我能马上获得提薪，否则我不得不考虑离开这里。你看有什么办法吗？"）

除了改进自己的整体最佳替代方案（如果谈判破裂，你会采用的对策），你还应该准备一个"微观的最佳替代方案"——如果本次会议不能达成协议，那么最好的结果是什么？这能帮助你预先起草好一份结束词以备在会议无结论的情况下使用。（"很高兴我能分享你的观点，也感谢你能聆听我的想法。如果决定继续谈判，我会来找你，那时也许会带来一份新的提案。"）

让对方的最佳替代方案变得更糟有时也是可能的，并且是十分合乎情理的。比如，我们认识的一位父亲想让儿子去修剪草坪。他提出给儿子一笔数目不小的报酬，但儿子不干。最后儿子不小心泄露了自己的最佳替代方案："爸爸，我不需要通过剪草坪来赚钱，你每个周末都把钱包放在梳妆台上……"父亲很快改变了儿子的最佳替代方案，他不再把钱包放在外头，而且明确表示，不同意儿子擅自拿钱。于是，儿子去修剪草坪了。让对方的最佳替代方案变得更糟这个招数可以用来胁迫或利用对方，也可以确保得到一个公平的结果。完善自己的最佳替代方案，降低对方对其最佳替代方案的期望值，这是增强谈判实力的两个关键。

提出一个经过仔细斟酌的承诺条件可以增强谈判实力。谈判实力的另一个来源也值得我们注意：做出承诺的能力。你可以从三个方面用承诺来增强自己的谈判实力：首先，给对方一个肯定的承诺；其次，谨慎地做出否定的承诺，表明你不会做什么；最后，明确表示希望对方做出什么承诺。

表明你将做什么。有一种增强谈判实力的办法是，适时提出不可更改的承诺。当你做出一个肯定的承诺时，你提供了一个你会接受的选择方案，同时表明你不排斥讨论其他的选择方案。如果你要劝说某人接受一份工作，不要只是和他谈论此事，要做出你的承诺。这样虽然你放弃了从对方那里获得更好条件的机会，但你使对方的选择变得简单，让他们更容易做出承诺，这也是你的收获。为了达成协议，他们所要说的只有两个字：同意。

对方接受了你的提议后，你所做的承诺可以消除对方可能会有的担心，这种担心就好比在下滑坡之前的感觉。如果你不做出明确的承诺，那么对方宁可忍受不利的形势，也不会盲目地接受一份协议，特别是对方还担心你在有利的情况下会得寸进尺。1990年，联合国安理会准备采取制裁措施来迫使伊拉克从科威特撤军。安理会决议明确要求伊拉克必须撤军，却没有说明撤军后即停止制裁。如果萨达姆·侯赛因相信，即使自己撤军，制裁也仍将继续，那么令人不愉快的制裁不会促使伊拉克从科威特撤军。

承诺越具体，就越有说服力。因此，书面承诺比口头承诺更可信。（我们认识的一位房地产代理商喜欢往桌上放几沓百元大钞，好让客户做出承诺。）你也可以以限定日期的方式做出承诺，表明机会不可错过。比如，1981年里根总统的就职仪式，就为谈判释放扣押在伊朗的美国外交官人质创造了一个不容错过的机会。伊朗人不希望再与新的一届美国政府重新谈判。

有些时候，如果对方不接受你的提议，你也可以表明你将会采取的措施。他们也许还没有意识到你的最佳替代方案对他们来说意味着什么。（"如果我们的房子今晚还没有暖气，我就打电话给卫生部门紧急热线。如果他们发现有违反法规的行为，就会向房东罚款250美元。这一点你明白吗？"）

表明你不会做什么。有时，为了说服对方接受一个比他们的最佳替代方案更有利的承诺，你可以告诉对方，你不能也不会再做出更多的承诺（"要不要请便"）。这样你不仅做出了承诺，还捆住了自己的手脚，使自己不能再有变动。正如我们在第1章里谈到的，陷入立场之争的代价是巨大的。过早地陷入立场之争会妨碍交流，还会使对方觉得没有得到重视或遭到胁迫，从而破坏双方良好的关系。但如果你已经理解了对方的利益，并为实现共同利益考虑了各种选择方案，这时坚持某一立场就不会有那么大的风险了。而且，如果你有不受个人意愿影响的可信理由，能向对方说明你固执己见的合理性，那么双方的关系也不会受到什么损害。

在某些时候，最好的办法是，亮出你的最后承诺，并且说到做到。这样做的目的是让对方的微观最佳替代方案变得更加不利,并以此来影响对方。如果他们此时说"不",他们就不再可能与你达成一份更有利的协议了。

表明你希望对方做些什么。好好想想,你到底希望对方做出什么样的具体承诺,这是很有好处的。这么做能确保你提出的要求合乎情理。对于"苏珊,我在打电话时请别再打断我"这类要求,如果出现紧急情况时苏珊真的严格照办,那后果将是灾难性的。要避免对方的承诺太过空泛、草率,没有约束力,或者遗漏关键信息,缺乏可操作性。

特别是当你需要对方做点儿什么时,你最好明确地告诉对方,具体想要他们做什么。否则,他们可能没有作为,因为他们不愿意做自己职责范围以外的事。

尽量发挥自己的潜在实力

为了尽可能发挥自己潜在的谈判实力,你需要将实力资源与其他资源协调起来利用。谈判者往往只注重自己最强的一面,因而只利用这一方面的力量。比如,某位谈判者有非常有利的最佳替代方案,他也许会拿它来与对方抗衡,并且威胁对方如果不接受这最后的条件,他就退出谈判。这样很可能削弱谈判者的说服力,使对方无法相信这个条件是公平的。如果你要展示自己的最佳替代方案,那你最好做到尊重双方的关系,保证双方交流渠道的畅通，强调自己提出的最后条件是合理的，并表明它符合对方的利益，等等。如果各个因素能相互促进，那么你拥有的谈判实力将发挥最大的整体效果。

如果你相信自己的言行，你的谈判效率就会变得更高。不管你如何利用本书的观点，使用时都不要像穿别人的衣服一样生搬硬套。要根据具体情况合理剪裁，直到你找到能发挥作用的方法，而且使用起来得心应手为止。这可能需要进行试验并经历一段不太舒服的调整过程，但最终，如果你信你所说，说你所信，那么你或许能够最大限度地发挥你的谈判实力。